El Modelo Sintético de Estrategia de Márketing MSSM©

¡Define la estrategia de tu empresa!

140 páginas de aplicación inmediata que te ayudarán a poner en orden tus ideas.

Hugo Rubio

Autor: Hugo Rubio

Diseño de la portada: Marina López
Ad hoc Comunicación y Marketing
www.adhoc.es

Registro General de la Propiedad Intelectual 01 / 2016 / 603

ISBN-13: 978-1533170231
ISBN-10: 1533170231

Junio 2016

A mis amigos, a los que comparten su vida conmigo… porque en eso consiste la vida.

INDICE

1 INTRODUCCION

En el mundo empresarial utilizamos de forma constante conceptos cuyo contenido está pobremente definido y cuya aplicación práctica es poco rigurosa y difusa. Uno de estos conceptos es el de estrategia.

Todos hablamos de estrategia. Claramente necesitamos disponer de una, tenerla definida, conocerla y mejorarla de forma continua. Pero si te preguntara cuál es tu estrategia empresarial, probablemente te crearía un problema. Si te digo que la escribas, el problema se hará patente. Si después te preguntara cuál es tu ventaja competitiva, posiblemente me responderías con lo mismo, normalmente con una de tus fortalezas. Si te preguntara después por tus tácticas... quizá ya empezarías a malhumorarte.

No se trata de formular definiciones académicas, sino de establecer un lenguaje lo suficiente sólido para que los conceptos se puedan materializar en acciones, que éstas respondan a un plan organizado que permita su monitorización y quizá lo más importante, que éste lenguaje pueda ser compartido a lo largo y ancho de la empresa. De esta forma, cuando hablemos de un problema estratégico sabremos de qué estamos hablando, lo identificaremos con precisión, mejorará nuestra comunicación interna así como nuestra capacidad de análisis y avanzaremos más rápidamente hacia su solución.

Con este libro pretendemos establecer un modelo útil y sencillo para definir e implementar el proceso de estrategia de márketing en la empresa. Porque la estrategia es un proceso, cuyos componentes deben ser alimentados y cuyos resultados marcarán la diferencia entre el éxito o el fracaso.

Y tú, como estratega, tendrás que llevarlo cabo.

2 ASPECTOS DE LA ESTRATEGIA

En primer lugar debemos aclarar que existen muchos tipos de estrategia de acuerdo con su disciplina particular. No intentaremos dar definiciones, aunque reconozco que una buena definición es capaz de inspirar mucho. Podríamos hablar de estrategias de fabricación, por ejemplo, para atender a la problemática relacionada con esta disciplina. Lo mismo podría decirse de estrategias financieras, corporativas, estrategias de adquisiciones o de compras. También podría hablarse de estrategias de organización o de recursos humanos, entre otras.

En este libro nos centraremos y desarrollaremos el concepto de estrategia de márketing. No obstante, como director, gerente o responsable de negocio que puedes ser, debes identificar las necesidades estratégicas de tu empresa y satisfacerlas en todas sus dimensiones. Quizá la estrategia de márketing sea una de las que se encuentran menos identificadas.

Estratego era el nombre dado a los generales griegos. De sus decisiones sobre la asignación y posicionamiento de los recursos en el campo de batalla dependían sus victorias o sus derrotas. De la misma manera, de las decisiones de los directores de estrategia empresarial sobre la utilización de los recursos y del posicionamiento de la empresa en el mercado dependerá el éxito o el fracaso de los negocios.

Quizá alguna vez has oído en las noticias que determinado país ha realizado un despliegue de misiles tácticos al lado de cierta frontera, o que otro haya instalado una base de misiles estratégicos y te hayas preguntado qué es cada uno. Los tácticos cuestan poco y se transportan rápida y económicamente allí donde se necesiten. Por eso se llaman tácticos. Los estratégicos en cambio, son muy grandes, cuestan mucho diseñarlos y construirlos, y una vez instalados tienen que ser capaces de alcanzar su objetivo. Si los diseñas mal no podrás corregir el error sino al cabo de muchos años e invirtiendo mucho dinero y durante ese tiempo estarás desprotegido. Por eso se llaman estratégicos.

El concepto de estrategia está asociado a cuatro aspectos fundamentales. El primero es el concepto de decisión. En la empresa, aunque también a nivel doméstico y personal, hay que tomar decisiones de forma continua. Todos sabemos que hay algunas decisiones que son fáciles de tomar, aunque hay otras que nos cuestan mucho más. Esto suele ser debido a que este último tipo de decisiones incorpora los aspectos segundo y tercero que son el coste y los plazos temporales condicionados a la decisión. Es decir, que una decisión es estratégica cuando compromete muchos recursos y condiciona largos plazos en el futuro.

El cuarto aspecto es el coste de oportunidad. Lógicamente las decisiones se toman para conseguir cierto objetivo. Si nos equivocamos habremos perdido la oportunidad de reconducir la situación debido al compromiso en recursos y plazos. Es interesante observar que no es necesario que nuestro proyecto actual fracase para incurrir en costes de oportunidad altos. Simplemente perdemos lo que hubiéramos ganado en caso de invertir en un proyecto mejor. Por eso, las decisiones estratégicas son difíciles de tomar.

El coste de oportunidad es lo que nos cuesta la oportunidad no elegida, o dicho de otra forma, lo que no ganamos al no ejecutarla. Esta ganancia puede ser mayor o menor que lo que obtenemos con la opción elegida. Si por ejemplo, eres un profesional que ganas cien euros por cada hora trabajada y te tomas tres horas libres para realizar una gestión personal, el coste de oportunidad de esa gestión es muy alto para ti, quizá mucho más que pagar a una gestoría. Este ejemplo es obvio, pero cuando se traslada este caso al entorno empresarial, las cosas dejan de ser tan obvias. Muchas organizaciones realizan operaciones con costes de oportunidad altísimos, ya que para ello dejan de realizar tareas mucho más importantes y productivas.

Proveerse de ciertos componentes de forma interna en vez de comprarlos en el mercado es un ejemplo típico. Si no tienes nada más productivo que hacer puedes proveerte internamente. Cuanto menos productivo seas, más sentido tiene proveerse internamente, aunque lo normal será que seas también menos competitivo en la provisión interna que el mercado, creando un círculo vicioso de deriva estratégica.

Por ejemplo, si estoy en paro tiene sentido que me haga el pan en casa y que también realice la limpieza de la casa. Nunca seré tan eficiente como una panadería ni tan bueno como un profesional de la limpieza, pero ahorraré dinero. En cambio, si trabajo, no cambiaré horas de mi trabajo para hacer pan ni limpiar mi casa, porque perderé dinero. La justificación de que es más barato proveerse internamente no tiene sentido sin compararla con lo que se deja de ganar, con la oportunidad que se pierde. Proveerse internamente puede ser un síntoma o un reconocimiento explícito de falta de competitividad en nuestra propia industria.

Hay que realizar una identificación constantemente sobre qué es lo más importante para nuestra empresa (lo más estratégico) con el fin de dedicarnos a ello sin caer en distracciones. Recuerda, mide tu coste de oportunidad, evalúa el compromiso de recursos en tiempo y dinero y toma la decisión pertinente. Estos son los componentes de las decisiones estratégicas.

3   LA COMUNICACIÓN Y SUS PROBLEMAS

La comunicación es fundamental para la realización de cualquier proyecto. Muchos proyectos fracasan porque la comunicación no es buena. Esto aplica a los proyectos empresariales pero también a los familiares, deportivos, sociales e incluso a las relaciones entre políticos y ciudadanos.

Nos referiremos mucho a la comunicación en este libro, tanto a la externa, la enfocada a los clientes como a la interna, la enfocada a la empresa, hacia los trabajadores y dentro del equipo de dirección. Este libro pretende centrarse en la comunicación dentro del equipo de dirección y para ello desarrolla un modelo de referencia para la estrategia. La idea es que si un equipo puede trabajar con un modelo y referirse a él, los conceptos con marcado componente abstracto pueden ser visualizados y desarrollados de forma más práctica y sistemática.

Sé que esto no es sencillo. A lo largo de los años he podido comprobar de forma reiterada que las ideas que tenemos nos condicionan en la forma de pensar y de transmitir. Hace poco un amigo que viaja mucho en automóvil por temas profesionales y personales me comentaba que había ido a un taller a poner ruedas de invierno a su coche. La conversación, según me cuenta, se desarrolló de la siguiente manera:

-Quisiera poner ruedas de invierno, pero me han dicho que el comportamiento del coche cambia y quisiera saber si es verdad.

-No, van fenomenal, hacen un poco más ruido y baja la velocidad máxima pero van muy bien.

-¿Seguro que el coche se comporta igual?

-Sí, sí, igual.

Mi amigo decide poner las ruedas. Al cabo de un rato vuelve a por el coche, lo saca del taller y al dar la primera vuelta a la manzana vuelve al taller diciendo que hay algo mal montado, algún tornillo flojo, el palier roto, algo, porque el coche se le va en las curvas a 50 km/h en ciudad. El taller procede a revisarlo.

-No, no pasa nada, está todo bien

-Pero el coche se me va en las curvas

-¡Ah!, eso es por las ruedas de invierno

-Pero, ¡si te he preguntado dos veces si el coche se comporta igual!

-Sí, se comporta igual pero las ruedas de invierno producen ese efecto.

Mi amigo no salía de su asombro. ¿Cómo es posible una falta de entendimiento en un tema tan claro y concreto?

A continuación expongo lo que me pasó a mí hace poco tiempo, viajando en vacaciones. Iba del norte de Burgos, de recorrer la GR99 (camino natural del Ebro) al mediterráneo y se me hizo de noche en Soria. Paré en una gasolinera donde me dijeron que en Soria, carretera hacia Madrid, había un camping. Al llegar a Soria, pregunté a un viandante:

-Por favor, ¿dónde está el camping?

-No hay ningún camping en Soria

-Pero, ¡si me acaban de decir que hay uno en la carretera de Madrid!

- Efectivamente, por allí, a tres kilómetros.

Al parecer, ese camping a tres kilómetros no era considerado por el viandante como camping de Soria. Si no insisto no lo encuentro.

Cuando hago senderismo y tengo que preguntar a un lugareño, lo hago varias veces. Pregunto dos veces lo mismo al mismo lugareño. A veces me dan respuestas distintas, o datos complementarios de mucho valor. Por ejemplo, si preguntas cómo ir a cierto lugar, te pueden señalar el camino. Si lo preguntas otra vez (cambiando algún matiz, claro), te pueden decir cómo es el camino o incluso que tomes otro. Si preguntas a uno, te dice que llegas en una hora, si preguntas a otro, te dice que hay 15 kilómetros. A veces hay que hacerles ver que vas en bicicleta. Aunque estés montado en una y lo des por hecho, tu interlocutor no. Es curioso cómo se comunica la gente.

Si intercambiar información basada en conceptos simples es problemática, mucho más lo es con conceptos complejos. Este libro pretende facilitar en lo posible el intercambio de información a la hora de diseñar la estrategia de nuestra empresa con el fin de que el proceso se haga sistemático, productivo y lo más eficiente posible.

4 ANALISIS FRENTE A DESCRIPCION

Cuando hablamos de márketing a mucha gente le viene a la cabeza una sola idea: la asociada a la publicidad. Pero el márketing es una disciplina bastante más compleja que contiene un proceso de planificación muy sólido. Una de sus etapas es la estratégica y es en la que iremos centrando nuestra atención.

La realidad nos demuestra que las pequeñas empresas carecen con frecuencia de planes sistemáticos de márketing. Esto es debido a la falta de tiempo y recursos que tienen las pequeñas empresas así como a la ausencia de departamentos y funciones de márketing. El proceso de planificación consume recursos y nos quita tiempo, siempre tenemos algo más urgente que atender.

Pero todavía hay un inhibidor más para la correcta elaboración de los planes de márketing, que es la idea de realizar un plan meramente descriptivo. Si ya sabemos lo que vamos a poner en el plan, ¿para qué perder tiempo haciéndolo? Total, ya me lo sé, transferirlo a un papel no me aporta nada útil.

Esta suele ser la reflexión. El resultado es la ausencia de planes. Pero escribir un plan tiene mucho sentido. Cuando tienes que explicar un concepto de forma verbal suelen aparecer a veces problemas. Se suele decir que sólo entiendes algo bien cuando eres capaz de explicarlo. Si además tienes que escribirlo te entrarán muchas más dudas y tendrás que realizar muchas más reflexiones. Cuando dejas algo por escrito, la calidad y coherencia de lo que habías pensado previamente queda mejorada. Es el proceso de planificar lo que realmente importa. Recordemos la famosa frase atribuida a Dwight D. Eisenhower, "Un plan no es nada, pero la planificación lo es todo".

El auténtico valor de la planificación aparece cuando el enfoque deja de ser descriptivo para convertirse en analítico. El diseño de un plan de márketing debe ser siempre analítico y su proceso de elaboración y control debe ser el motor de la generación de ideas en la empresa. Sólo con esto ya estaríamos instaurando un proceso de Innovación en nuestra empresa.

Si has tenido la oportunidad de estudiar en el mundo anglosajón habrás experimentado frustración al recibir las calificaciones de tus primeros trabajos. El comentario suele ser del tipo "es un trabajo meramente descriptivo", cuando lo que se pide es analítico. Suele pasar un cierto periodo de tiempo hasta que los estudiantes de los países no anglosajones aprenden a realizar trabajos analíticos.

¿Cuáles son las características de los trabajos analíticos? El procesos de análisis trata de identificar problemas (no los síntomas), buscar relaciones causales entre los efectos detectados y las posibles causas que los originan, proponen una batería de soluciones que son evaluadas de forma individual y conjunta, proponen una batería de criterios para seleccionar una solución y explican las ventajas de la decisión tomada. Para aplicar esto a nuestro caso particular habrá además que utilizar una estructura metodológica de referencia, un contenido de conocimientos a nivel industrial y una referencia contextual particular del caso.

Esta metodología sirve para realizar cualquier tipo de trabajo, bien sea académico, particular o profesional, y se puede emplear para informes, reportes, ensayos e incluso propuestas de mejora de procesos, ventas o entregas genéricas de información. A lo largo de los años he visto muchas veces el caso de profesionales a los que se les ha pedido informar por escrito de determinado hecho o problema y la dificultad que esto les causaba, incluso para escribir un informe sencillo. Expondré las fases de la metodología analítica de forma explícita para dotarla de mayor visibilidad:

Esquema de un estudio analítico

1. Introducción: Descripción del problema y su entorno
2. Identificación del problema: Relación de efectos e identificación con sus posibles causas de forma justificada (relación causal, no simple correlación de datos). Utilización de herramientas de análisis específicas.
3. Identificación de soluciones: Relación de soluciones posibles. Evaluación de cada una de ellas de forma justificada.
4. Selección de soluciones: Identificación de criterios para la elección de la solución o conjunto de soluciones, indicando ventajas y desventajas de forma justificada.
5. Conclusión: Justificación de la solución elegida. Explicación de cómo queda resuelto el problema.

Adicionalmente hay que realizar el análisis dentro de un proceso estructural metodológico, utilizando contenido específico de la materia o problema de que se trate y aplicándolo al contexto del problema. Estructura, contenido y contexto. De esta forma tenemos el problema y su entorno definido.

1. Estructura (marco analítico, tipo de informe, tesis, proyecto, plan, etc.)
2. Contenido (materia de conocimiento sobre la que se trabaja)
3. Contexto (referencia actual del entorno en el que trabajamos, industria, mercado, problema, etc.)

Siguiendo esta sencilla metodología tendrás más facilidad para crear cualquier tipo de documento y aumentar la calidad de su contenido.

5 EL LUGAR DE LA ESTRATEGIA EN LA PLANIFICACION DE LA EMPRESA

Hemos dicho en el apartado anterior que adicionalmente al proceso analítico que seguiremos siempre hace falta establecer un marco estructural, un contenido y un marco contextual.

En las empresas, dependiendo de su tamaño y ámbito podemos encontrar distintos tipos de planes. Podemos hablar de planificación corporativa, departamental, de área de negocio y de división, entre otras. En este libro nos referiremos a la planificación de márketing que puede a su vez realizarse a nivel corporación, división, departamento o unidad de negocio. Los diversos planes así como sus objetivos, deben estar alineados en todas sus dimensiones. No sólo los planes de marketing entre divisiones y corporación tienen que estar alineados, sino también los planes financieros o los de fabricación.

El marco estructural que seguiremos es el denominado SOSTAC®, ideado por Paul Smith (prsmith.org) y que se encuentra publicado como tal en castellano e inglés en Amazon. La Guía SOSTAC® para escribir un perfecto plan de márketing - PR Smith.

SOSTAC® es un acrónimo proveniente de las distintas fases de la planificación de márketing. Estas etapas analíticas son la Situación, los Objetivos, la Estrategia, la Táctica, la Acción y el Control. Este es un buen libro para adoptar una estructura de planificación de márketing, sencillo, fácil y de aplicabilidad inmediata. Te lo recomiendo para utilizarlo como referencia en la planificación y para situar la estrategia de márketing en su lugar dentro del plan.

Como ya hemos mencionado en el capítulo anterior, a veces identificamos márketing con publicidad. En realidad la publicidad es una de las aproximadamente quince herramientas de comunicación que se engloban dentro de una de las conocidas siete P del márketing, la P de Promotions (comunicación). A su vez, todas estas P forman la fase Táctica del plan de márketing. Pero la fase de estrategia es anterior a todo esto. Así pues, podemos hablar de marketing táctico si lo que estamos analizando es la táctica, o marketing estratégico si nos centramos en la estrategia.

La realidad nos demuestra que las empresas tienden a ignorar el estudio estratégico y a centrarse en el táctico. La urgencia del día a día nos hace focalizarnos en las fases Táctica y de Acción. Muchas veces ponemos en marcha programas de comunicación, promociones, páginas web o comercializamos productos o servicios sin un adecuado estudio o evaluación previa. Hacemos esto porque tenemos prisa, porque no sabemos exactamente como realizar el análisis estratégico y porque es más fácil ir directamente al táctico. Es mucho más fácil la fase táctica que la estratégica. Evitar la fase estratégica nos evita (erróneamente) tomar decisiones que por su dificultad e impacto rechazamos o posponemos.

Fíjate como suelen discurrir, quizá en demasiadas ocasiones, las reuniones de planificación en las empresas. Normalmente se comienza con un planteamiento del problema o de la oportunidad seguido de una discusión voluntariosa en la que los diferentes integrantes del grupo comienzan a aportar ideas de forma casi personal. Si hay alguna referencia a la palabra estrategia suele ser vaga e imprecisa y pocas veces está definida. Las discusiones suelen derivar en conjuntos de ideas dispares que no consiguen concreción. Al cabo de un tiempo, cuando la gente ya está cansada y no se ha conseguido centrar el tema todo lo que se quisiera, alguien dice: "bueno, hagamos algo, pasemos a la acción". ¿Te suena?

Es decir, se pasa a la acción sin elaborar correctamente la estrategia. Error.

Solucionar este problema no es sencillo, pero es el objetivo de este libro.

6 EL PROCESO DE TOMA DE DECISIONES

Existen muchos momentos y muchas áreas donde se requiere tomar decisiones dentro de las actividades de gestión de una empresa. Las decisiones deben tomarse de acuerdo con un proceso metódico.

Normalmente partiremos de datos, que es lo más fácilmente accesible. No tiene sentido hacer conjeturas sin disponer antes de los datos, le decía Sherlock Holmes a Watson. Tratando esos datos podremos generar información. Por ejemplo, partiendo de una serie de datos numéricos y analizándolos con una herramienta de regresión lineal podremos averiguar qué tipo de correlación existe entre ellos. Hemos pasado de datos a información.

Este paso no es automático. Al pasar de datos a información siempre existe un proceso de interpretación y por lo tanto una posibilidad de cometer errores. Luego hablaremos de ellos.

Una vez que tenemos información podríamos convertirla en conocimiento. Para ello hace falta experiencia en un determinado sector, industria o disciplina concreta. También hace falta que la experiencia sea mantenida en el tiempo e incrementalmente enriquecida. Aquí también existirá la posibilidad de cometer errores, debido precisamente a la experiencia que hemos acumulado y a los condicionantes que nos genera.

Hay autores que proponen un siguiente paso, que sería la sabiduría, término que no me atreveré a definir.

Todo esto se hace con el fin de proceder a la toma de una decisión relacionada con un coste de oportunidad y posteriormente realizar una acción. Podemos ver los pasos en el siguiente gráfico:

Toma de decisiones en Marketing

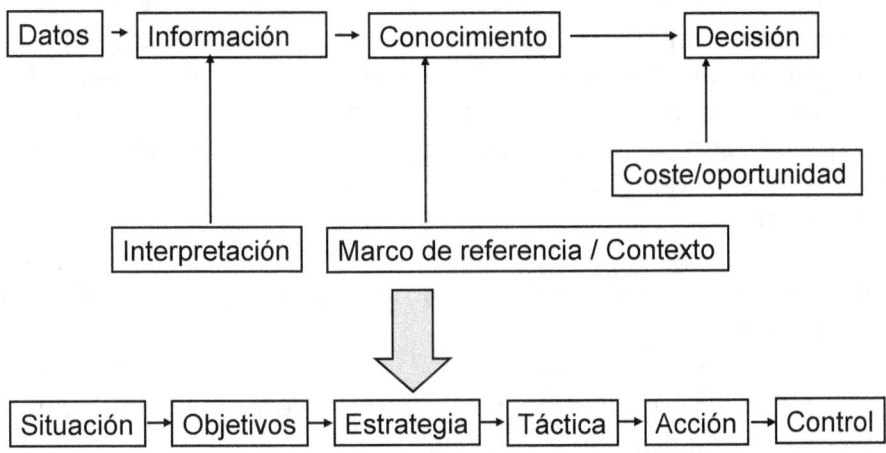

De esta forma observamos que las decisiones pueden tomarse en el ámbito del análisis situacional por ejemplo decidiendo qué y en qué profundidad se analiza el entorno, en la definición de objetivos, su revisión y eliminación, en la fase estratégica, la fase táctica y por supuesto en las fases de acción y de control.

Todas estas fases tienen su importancia, pero en este libro nos detendremos especialmente en una de ellas, en la fase estratégica.

Es verdad que muchas personas tienen la capacidad de intuir lo que ocurre a su alrededor, incluso de improvisar, y lo hacen bien. Pero esto no quiere decir que no exista ese proceso, aunque se produzca de forma inconsciente. Podría decirse que la intuición es una capacidad avanzada de procesar datos y convertirlos en conocimiento.

Por ejemplo, podrías preguntarle a un pastor por el tiempo que va a hacer mañana. El pastor te respondería con su pronóstico y tú podrías preguntarle cómo hace para saberlo. El pastor quizá no sabría explicártelo. Tiene un conocimiento tácito que no es capaz de explicar. De forma inconsciente ha visto las nubes, la dirección del viento, la variación de la temperatura, el comportamiento de diversos tipos de animales, la querencia del ganado y otros factores naturales. Ha recopilado datos y los ha procesado con una metodología adquirida con los años. Esa capacidad de recopilar datos y procesarlos de forma inconsciente es la intuición (el conocimiento tácito, concepto introducido por el científico y filósofo Michael Polanyi, es un conocimiento que se ha adquirido en la práctica de forma no explícita, difícil de articular y explicar).

En cambio jugar a la lotería porque tienes una intuición… eso no es intuición, no es realmente nada.

Lo mismo puede decirse de la improvisación. Casi siempre suele hablarse de la improvisación cuando el resultado es positivo, del tipo… "tuvimos que improvisar y salimos de aquel lío". A veces se hace, no obstante, en sentido negativo como es el caso de… "no podemos estar todo el día improvisando". Pero en general, cuando hablamos de nuestra "gran capacidad de improvisación" es porque los resultados son satisfactorios.

Observa no obstante que cuando improvisas y sale bien, suele ser porque estás muy bien preparado. Cuando escuchas a Jimi Hendrix en una de sus famosas improvisaciones… realmente se lo sabía todo de memoria. Cando un bombero tiene un problema durante una emergencia y tiene que improvisar una solución, se basa en un gran entrenamiento y preparación. Realmente, si alguien que no sabe tocar la guitarra coge una y pretende tocar unos acordes nadie diría…

¡mira cómo improvisa! La improvisación se basa también en el conocimiento, pero nunca exime del proceso de planificación.

Intuición e improvisación son por lo tanto, dos capacidades de manejar datos y convertirlos en información, utilizando un proceso mental basado en el conocimiento tácito fundamentado en la experiencia, aunque realizado de modo inconsciente.

¿Podría ser ésta una definición de sabiduría?

Hay personas que tienen una capacidad especial para gestionar la intuición o acumular sabiduría. Son los afortunados visionarios capaces de ver el transcurso de los acontecimientos y tomar las decisiones correctas. Para los demás que no lo somos... ¡seguiremos trabajando en la metodología y en la planificación!

7   INTERPRETACION Y ERRORES

Hemos mencionado en el apartado anterior cómo en el paso de datos a información y a conocimiento existe el peligro de cometer errores de interpretación. Estos errores pueden clasificarse de forma genérica como errores de tipo 1,2 y 3, la Disonancia Cognitiva y el Criterio de la Propia Referencia. Los lectores que ya hayan leído mi anterior libro conocerán este capítulo, pero considero de interés introducirlo aquí ya que esta es la base del proceso analítico: diferenciar las causas de los efectos, identificar problemas y proponer soluciones.

Identificar las causas reales de los hechos va a ser complicado. En primer lugar hay que saber que difícilmente nos vamos a encontrar con un hecho cierto. Los hechos, como tales, no existen. Dependen de su criterio de valoración. Esto te puede parecer raro, pero es lo que mantiene la corriente de pensamiento más actual. No se puede matar, excepto que… y empieza una larga lista de excepciones. El hecho ha cambiado. Ya no hablamos de lo mismo, te dirán.

Muchos problemas interculturales se generan al obviar este principio. Lo que para mí puede ser una virtud, para otro puede ser un pecado mortal. ¿Cuál es el hecho? Como afirma el filósofo Hilary Putnam, el hecho depende de los valores de cada persona, de cada cultura. Admitir esto, se denomina pluralismo (ojo, no lo confundas con el relativismo). Pluralismo es admitir que existe pluralidad de criterios, todos con un valor que hay que reconocer. El relativismo en cambio, tiende a restar valor a los diferentes criterios, permitiendo el "todo vale".

Así pues, si alguna vez te dicen que no hagas juicios de valor puedes responder sin temor a equivocarte que no estás enjuiciando pero sí realizando valoraciones, y que no sólo tienes derecho a hacerlas sino que es algo que debes hacer para entender el suceso y forjarte una opinión.

Por lo tanto, habrá que realizar valoraciones para determinar un hecho y sus causas, o su relación causa-efecto.

Algunos tipos de errores de interpretación pueden atribuirse al Criterio de la Referencia Propia, que explica cómo nos condiciona la experiencia a la hora de tomar decisiones, las cuales se basan inevitablemente en una modelización y valoración de los escenarios futuros posibles. Los seres humanos tendemos a basarnos en nuestras propias experiencias, en lo que a mí me ha pasado, en mi caso. Los casos de los demás siempre nos suenan… ajenos.

No puede ser de otra forma. Siempre seremos esclavos de lo que nos ha pasado y tenderemos a generalizar nuestra particular experiencia. En esta vida la experiencia siempre es particular, aunque realmente lo más valioso es el caso general fruto del resultado de muchos casos particulares. Muchas personas, por ejemplo, después de un desengaño bursátil no vuelven a invertir en bolsa. Hacen de su caso particular uno general.

Hay que tener mucho cuidado con esto. No nos podemos librar de ello pero al menos tenemos que saber que existe, que nos condiciona y que tenemos que considerar permanentemente el modo en el que nos está afectando. Aprender de la experiencia de los demás es la única alternativa, leer, escuchar… pero siempre tendrá no obstante que pasar por nuestro propio filtro experiencial. La razón pugnará contra el corazón en muchas ocasiones.

Recuerdo cuando me construí mi casa. En aquel tiempo nos juntamos diez personas que no nos conocíamos de nada y desafiando todo tipo de pronósticos nos embarcamos en la aventura. Asumimos unos riesgos medidos (será la primera cooperativa de viviendas que veo que sale bien, dijo el abogado cuando formamos la comunidad de bienes) que más tarde dieron sus frutos. Mientras construíamos, mis mayores me insistían en que pusiera radiadores de hierro fundido. ¡Son los mejores!, decían, dan más calor y más tiempo.

Yo, que soy inevitablemente ingeniero, les preguntaba por las razones. Lo de dar más calor no lo entendía... será el que quema la caldera. Y lo de más tiempo... ya lo regulará el termostato, ¿no? Pero no había forma de razonar con ellos. Los radiadores de aluminio actuales son malos y los de hierro fundido de antes son los buenos. ¡Haznos caso!, me decían.

Le di varias vueltas a este tema, hasta que al final lo entendí. En tiempos de mis mayores las calderas eran de leña o de carbón. Estas calderas tienen una característica especial que es que no pueden ser reguladas automáticamente, es decir, dependen de una persona que físicamente transporte y literalmente eche el combustible a la caldera. Los trozos de madera o las palas de carbón tienen que ser manejadas a mano.

La consecuencia directa de esta característica es que durante la noche la caldera se queda desatendida ya que no hay nadie que reponga el combustible. Entonces, para mantener la temperatura de la habitación toda la noche es muy importante que el radiador tenga mucha inercia térmica, es decir que almacene mucho calor, y esto se consigue con una mayor masa. El radiador de hierro fundido almacena mucho calor que luego libera durante toda la noche.

Evidentemente, esto no hace falta cuando usamos combustibles líquidos o gaseosos, o incluso madera en forma de pellets, que permiten una alimentación automática de la caldera, regulada mediante un termostato. En este caso, es incluso mejor radiadores de baja inercia térmica, que se calientan rápido.

Pero todo esto ya no contaba ni había razonamiento que sirviera. Los radiadores de hierro fundido siempre habían sido los mejores, toda la vida, y todo el mundo lo sabía.

Esto no sería más que una anécdota graciosa, si no fuera porque muchas decisiones se toman siguiendo un proceso muy parecido. La experiencia propia nos condiciona y en demasiadas ocasiones nos impide identificar las causas reales de los hechos. Como hacen los niños pequeños, pregúntate siempre... ¿Por qué?

Al intentar relacionar los efectos con sus causas podremos cometer errores. El primero es el denominado Error tipo 1. Este error se da cuando atribuimos un efecto a una causa, y no es así. Por ejemplo, bailamos la danza de la lluvia y llueve. De aquí inferimos que existe esa relación y cada vez que necesitamos que llueva, bailamos la danza de la lluvia. Puedes pensar que este ejemplo es demasiado infantil, pero sustituye la danza de la lluvia por sacar al santo en procesión en tiempos de sequía y verás que la cosa se parece mucho. Es grande la fuerza que tiene la propia experiencia, esta vez almacenada en forma de consciencia colectiva durante milenios.

El segundo tipo de error, el error de tipo 2, es lo contrario. Se da cuando existe una relación causal pero no la hemos identificado. Por ejemplo, puedo pensar que no lavarme las manos antes de comer no me hace coger más enfermedades. Puede ser que no hayamos descubierto la relación, pero todavía peor es despreciarla. Por ejemplo, puedo engañarme a mí mismo y pensar que fumar no me hace nada. O que conducir rápido no aumenta la posibilidad de tener un accidente.

Los responsables de la gestión de la red vial conocen esto muy bien. Cada vez que se aumenta la velocidad máxima en una determinada curva en un porcentaje, aumenta el porcentaje de fallecidos al año. Relación directa. Pero a nivel personal lo rechazamos. Nos engañamos en un proceso denominado disonancia cognitiva. Somos conscientes de que existe una disonancia de conocimiento y generamos argumentos para defenderla, aunque nos engañemos a nosotros mismos.

Es curioso ver cómo funciona aquí el criterio de la propia referencia. De una forma o de otra, somos conscientes que conducir más rápido aumenta las posibilidades de accidente, pero rechazamos la idea, en parte porque a nivel personal no hemos tenido accidentes. Cuando tienes uno, te comportas de otra manera. Ya que la mayoría de las personas vivas no hemos muerto nunca (algunos mantienen que sí), no tenemos la experiencia de morir y literalmente desafiamos a la muerte, pero en cuanto se instaura el carnet por puntos y nos multan de forma severa sorprendentemente se reduce la siniestralidad. Y es que experiencia de que nos multen, del castigo, si la tenemos y reaccionamos a ella. Tememos más a los puntos que a la muerte, curioso. Todo esto forma parte de los errores de tipo 2.

Pero el más peligroso de todos, en mi opinión, es el error de tipo 3. Este error identifica mal la pregunta y genera una correcta respuesta... a la pregunta equivocada. Normalmente es difícil de identificar ya que la amplitud de la respuesta nos puede hacer incluso olvidar la causa que estamos buscando. Un ejemplo de esto es confundir la táctica con la estrategia. Suele ser típico ver planes de marketing con un detallado plan de implementación sobre una estrategia sin identificar, por ejemplo, o planes tácticos de comunicaciones (plan de medios) sin elaborar un contenido de comunicación correcto.

En mi opinión y a modo de ejemplo, querer dinamizar el mercado laborar cambiando las formas de contratación, es un error de tipo 3. Esa no es la causa del paro. El tipo de contrato puede afectar de forma táctica, pero no estratégica. La única forma de mejorar el mercado laboral es mejorando la competitividad, la I+D y la educación.

A mis alumnos universitarios no les pongo ninguna pregunta en el examen. La tienen que identificar ellos, extrayéndola del caso. Si se equivocan en la pregunta, en el diagnóstico del problema cometiendo un error de tipo 3, les suspendo. A fin de cuentas, como dicen algunas culturas orientales, en la pregunta está la respuesta. Si les defino la pregunta ya les estoy diciendo la respuesta que tienen que escribir. ¡Eso ya doy por supuesto que saben hacerlo!

Todos buscamos respuestas, pero el secreto está en que la respuesta depende de la pregunta. Si la pregunta está equivocada, la respuesta no tendrá valor. En mi programa de doctorado, el primer curso al que he asistido ha sido el de "Cómo identificar preguntas para la investigación". Primero hay que formular las preguntas alrededor del problema. Si las preguntas son buenas, la investigación tendrá sentido y generará respuestas. De lo contrario, se puede caer fácilmente en el falso discurso, es decir, en un discurso carente de contenido, como es por ejemplo, la astrología.

En el mundo real no hay preguntas establecidas, las tenemos que identificar nosotros a nivel personal, social y económico. Si las identificamos mal y dedicamos nuestro esfuerzo y recursos a lo que no lo merece o donde no está el problema, fracasaremos.

8 ¿QUE ES ESTRATEGIA? ¿QUE ES TACTICA?

Existe un gran inhibidor para la realización del plan estratégico y es la facilidad e inmediatez del plan táctico, particularmente en su aspecto de comunicación. Realizar un plan de comunicación o de ventas es algo que todo el mundo entiende y ve como necesario. Además, suele ser urgente. Debido a ello, la dinámica del día a día nos lleva por esta vertiente. Una vez que estamos desarrollando las fases tácticas y de acción tendemos a dejar de prestar atención a la fase estratégica.

Por eso es muy importante separar estas dos fases y entender que antes de desarrollar la táctica hay que desarrollar la estrategia y comprobar que es la correcta, auditando la ventaja competitiva de la empresa. Si no existe ventaja competitiva, hay que crearla mediante la estrategia. Si existe, habrá que mejorarla de forma continua.

La secuencia es la siguiente, siguiendo la estructura de planificación SOSTAC®:

1. Análisis Situacional
2. Establecimiento de Objetivos
3. Auditoría de la Ventaja Competitiva: ¿tenemos ventaja o no?
4. Análisis Estratégico: Mejora o generación de estrategias
5. Auditoría de la ventaja competitiva (revisión después de la mejora, ¿tenemos ventaja ahora?)
6. Análisis Táctico. Desarrollo de las 7 P
7. Acción
8. Control

El plan se puede dividir en dos partes: la primera, SOS, finaliza con la definición de la estrategia. La segunda, TAC, se inicia con la táctica. La estrategia, como desarrollaremos más adelante, incorpora el diseño de nuestras propuestas para los clientes elegidos. La táctica implementa este diseño de forma detallada. Debido a que implementar un diseño inexistente no tiene sentido, la estrategia es necesaria antes de la táctica. La táctica se compone de las conocidas 7 P de márketing, Producto, Precio, Place (canal), Promotions (comunicación), Personas, Procesos, y Evidencia Física (Physical evidence).

El desarrollo de la táctica es por lo tanto, más sencillo y conocido. En este libro pretenderemos desarrollar la estrategia con más detalle ya que entraña mayor dificultad.

Tanto la táctica como la estrategia contribuirán a la mejora de nuestro negocio. Cuando realicemos el análisis denominado GAP, es decir el análisis que nos permite identificar qué nos falta (el gap) para alcanzar nuestros objetivos, tendremos que tener en cuenta que debemos tener actividades identificadas de los dos tipos. Si por ejemplo, encontráramos solo acciones tácticas, nos podemos dar cuenta inmediatamente que algo está mal en nuestro plan de negocio ya que tenemos que tener también acciones estratégicas identificadas.

Pero recuerda que no debes desarrollar la táctica (las 7 P) sin haber diseñado antes la estrategia. La táctica se apoya en la columna de las 7 P y la estrategia en la columna de los componentes que conforman el Modelo Sintético de Estrategia de Márketing MSSM©.

Análisis GAP

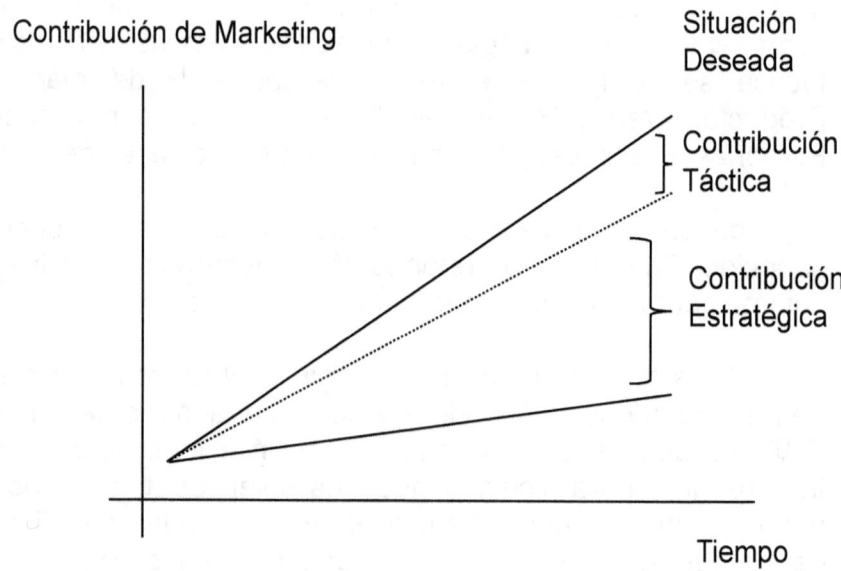

9   LA IMPORTANCIA DE LOS DATOS DE ENTRADA

Hemos visto como el modelo SOSTAC® comienza con el estudio de la situación. Este estudio es fundamental y desafortunadamente se hace poco en la práctica. Este manual no pretende explicar cómo realizarlo aunque al menos identificaremos las partes principales para que el lector pueda posteriormente profundizar allí dónde lo considere necesario.

Es interesante observar que muchas empresas están empezando a contratar o implementar internamente servicios de análisis de datos. Pasar de datos a información no es sencillo, requiere metodologías y herramientas. Pero lo que es fundamental es disponer de los datos de entrada.

Muchas veces las empresas tienen datos, al menos los suyos propios, pero en bases de datos de producción. Las bases de datos de producción son la utilizadas por los sistemas operacionales de la empresa. Por ejemplo, la aplicación de almacenes normalmente sólo tiene datos de lo referente a almacenes y está actualizada con la actividad real del almacén. Posiblemente no contenga datos históricos ni relaciones con otras áreas de la empresa. Lo mismo podría decirse del resto de aplicaciones como pueden ser contabilidad, ventas o facturación, por poner unos ejemplos. Hay aplicativos, conocidos como Enterprise Resource Planning o ERPs, que integran muchas de estas aplicaciones en una sola, manteniendo una imagen única de los datos. Aun así, es necesario crear unas nuevas bases de datos, llamadas informacionales para poder diferenciarlas de las operacionales, con el fin de poder explotar los datos y convertirlos en información. Todo esto es un gran proyecto en sí mismo.

Las bases de datos informacionales deben por lo tanto estar actualizadas, limpias de datos redundantes y apropiadamente estructuradas. A su vez, hay que disponer de varias copias históricas para poder extraer información sobre tendencias y evoluciones. Trabajar sobre ellas producirá a su vez datos adicionales, conocidos como metadatos, que nos servirán para extraer información y conocimiento de los datos.

Adicionalmente a los datos internos, están los externos. Conocer los datos de la industria referenciados a industrias, mercados, productos, clientes y competidores es fundamental, al menos hasta cierto nivel. Esto se puede realizar mediante la obtención de datos primarios directamente del entorno, o mediante la adquisición de datos secundarios, ya recopilados previamente por otra entidad. La segunda opción será normalmente más económica y rápida.

Normalmente una empresa conocerá bastante bien el entorno en el que se mueve, aunque confiar en que esto sea siempre cierto es una gran fuente de errores. Algunas empresas contratan servicios para que otras empresas consultoras les proporcionen datos de la industria y del mercado e incluso les asesoren en sus propias operaciones. Esto es un típico ejemplo de consultoría estratégica. Es necesario anticipar de alguna forma el futuro. Un ejemplo ilustrativo lo tenemos en la industria de la moda. Conocer tendencias y acertar en lo que se va a llevar la próxima temporada es fundamental, ya que hay que aprovisionarse en verano para la campaña de otoño. Cometer aquí un error será ruinoso.

Muchos entornos operativos modernos, sobre todo los enfocados a negocios online ya llevan su propio subsistema de análisis de datos, muchas veces en el aplicativo relacionado con los clientes, normalmente llamado CRM (customer relationship management). Algunas empresas crean ventaja competitiva basándose en estas herramientas. Por ejemplo, la empresa Zara es capaz de conocer al momento lo que se está vendiendo, sin esperar al fin de la temporada para analizar los datos. Conocer lo que se está vendiendo en tiempo real puede permitir gestionar los almacenes de forma más eficiente, modificar la cadena de producción para proporcionar al mercado lo que quiere en la geografía concreta y también modificar los precios dinámicamente. Esto a su vez afianza el posicionamiento de la empresa, mejora la imagen de marca, e incrementa la fidelización de los clientes.

Quizá hayas oído conceptos nuevos relacionados con los datos, como son Open Data y Big Data. Open data se refiere a la publicación de los datos que se encuentran en manos normalmente de la administración, para que puedan ser explotados por el público para crear nuevos servicios. Big Data se refiere a cantidades ingentes de datos cuya explotación es difícil y para la cual se necesitan técnicas especiales capaces de gestionar grandes volúmenes.

El análisis situacional pretende por tanto, obtener primero datos y luego información del entorno. El entorno se puede modelar de una forma sencilla como se expone a continuación.

En primer lugar se encuentra el mercado en el que compite la empresa, constituido por la propia Compañía, los Clientes y los Competidores. Esto se denomina análisis de las tres C, o del mercado competitivo.

Un mercado no es una industria, aunque a veces pueden coincidir los dos conceptos. El siguiente nivel de análisis será el de la industria, en qué industria competimos y como esto nos condiciona. Este entorno se conoce como el microentorno.

El tercer escenario es el macroentorno y es el entorno político, social, legal y económico en el que trabajamos. Este entorno, a diferencia de los otros dos, no es modificable por la empresa. Tenemos que vigilarlo para acomodarnos a él y anticiparnos a sus cambios.

Existen muchas herramientas y modelos para realizar el análisis situacional. No es objeto de este libro plantear herramientas de análisis del entorno, pero ya que lo que nos interesa es el punto de vista estratégico, elegiremos unas cuantas para poder avanzar hacia nuestros propósitos.

Lo más sencillo para nosotros será siempre comenzar por nuestra propia empresa, ya que los datos de nuestra empresa serán los más accesibles. No obstante, aunque los datos están a nuestro alcance no siempre es fácil disponer de ellos y convertirlos en información.

El primer paso será clasificar nuestras ventas por productos o grupos de productos de acuerdo con su posición competitiva en el mercado. Por posición competitiva queremos decir la posición que ocupan frente a los competidores y en el mercado correspondiente de acuerdo a su potencial de crecimiento. Esto ya suele ser suficiente trabajo para empezar. De hecho, cuando se realizan preguntas a los responsables de negocio del tipo ¿cuánto crece determinado mercado? ¿Qué cuota de mercado tiene tu producto? o ¿Cuánto aporta determinado segmento al beneficio de la empresa?, las respuestas suelen ser del tipo... no lo sé, aunque tenemos los datos por algún sitio...

Para empezar podemos apoyarnos en las herramientas conocidas como Matriz de Boston y Matriz Direccional (o matriz de General Electric). Son ampliamente conocidas. Puedes encontrar información sobre ellas en diversas fuentes. Las utilizaremos posteriormente cuando desarrollemos el concepto de offering. El concepto relevante de estas herramientas está en la idea de crecimiento del mercado. Iremos siempre a los mercados que crecen, mediremos resultados contra estos mercados y desarrollaremos capacidades para estos mercados. Esta es la razón del análisis situacional. Ten siempre en mente que el principal resultado de este análisis es la identificación de los mercados en crecimiento y de la adecuación de la empresa a ellos.

Utilizar estas herramientas nos exige conocer qué hacen nuestros competidores. Hasta cierto punto es necesario monitorizar que productos ofrecen y en que mercados se sitúan. También, obviamente, debemos conocer a los clientes como veremos posteriormente en detalle. Todo esto no se puede hacer de golpe, hay que realizarlo de forma incremental convirtiendo datos en información en cada etapa.

De forma adicional a estas herramientas, podemos incluir la matriz de Ansoff. Esta matriz es muy sencilla, pero su utilización implica tomar decisiones acerca de la asignación de los recursos de la empresa. Recordemos que describir escenarios es muy sencillo, pero tomar decisiones que impliquen asignaciones de recursos caros y a largo plazo no lo es. La matriz de Ansoff te exige establecer prioridades para dedicar recursos hacia algunos de los cuatro cuadrantes que considera que son las opciones estratégicas posibles. La empresa tiene recursos escasos y por lo tanto tendrá que elegir desarrollarse en algunas de las opciones planteadas por Ansoff, pero difícilmente en todas.

Hacer un poco de todo es una idea romántica pero hace falta mucho foco y muchos recursos para tener éxito. Suelo argumentar que tenemos tres recursos básicos: tiempo, energía y foco (desarrollo estos aspectos en mi otro libro, "Economía para salir de casa"). La matriz de Ansoff nos ayuda a decidir dónde poner estos tres recursos, que adicionalmente requerirán financiación.

MATRIZ de ANSOFF	Tradicional PRODUCTO Nuevo	
Tradicional	**Penetración:** Dedicamos recursos para aumentar nuestra cuota de mercado.	**Desarrollo de productos:** Dedicamos recursos a desarrollar producto, genuinamente nuevo, o mediante la diversificación horizontal y vertical.
MERCADO **Nuevo**	**Desarrollo de mercados:** Dedicamos recursos a desarrollar nuevos mercados, en otras geografías o en nuevos segmentos.	**Diversificación:** Dedicamos recursos a nuevos productos y nuevos mercados, mediante el desarrollo de conglomerados, adquisiciones o el desarrollo genuino de nuevos producto/mercados, como la música digital.

Por encima del mercado en el que competimos se encuentra la industria en la que competimos, o el microentorno. El concepto de industria es complejo, requiere conocimientos y años de experiencia trabajando en ella para poder comprenderla. Es revelador el ejemplo de la industria de las semillas, una de las más antiguas de la humanidad y de la que casi nadie tiene ahora conocimientos debido a la compleja tecnología que requiere para la manipulación genética en la cual se basa. Pocas empresas, con tecnología muy avanzada, dominan este mercado que ha sufrido una profunda transformación y que está planteando muchos conflictos éticos.

Para estudiar la industria podemos utilizar algunas herramientas como pueden ser las Cinco Fuerzas y la Cadena de Valor, de Michael Porter, así como la descripción del modelo de negocio de esa industria.

La cadena de valor puede proporcionar información para realizar las siguientes tareas:

- Servir como base para determinar el modelo de negocio
- Identificar fuentes de ventaja competitiva que muchas veces se encuentran en forma discreta, distribuidas por toda la empresa.
- Alinear intereses con clientes y proveedores
- Clarificar, junto con al análisis de Ansoff, la conveniencia de la integración vertical o la diversificación por segmentos, geografías o industrias
- Identificar interrelaciones con otras empresas, buscar alianzas o diseñar barreras de entrada
- Presenta una matriz de nueve categorías cruzadas, permitiendo identificar áreas de mejora

Es interesante realizar este análisis por unidad de negocio, no a nivel empresa en su totalidad. El nivel de detalle puede ser muy alto y de esta forma se pueden identificar puntos de mejora continua como recogen las teorías basadas en Kaizen o Blue Ocean, sobre problemas específicos.

Por último estudiaríamos el macroentorno, mediante el conocido análisis SPLET que es un acrónimo de los elementos que lo integran, social, político, legal, económico, tecnológico, y otros. Esto se puede complementar con un análisis de escenario creando una matriz compuesta por dos ejes, de los cuales uno son los posibles escenarios (de oportunidades y amenazas) con su probabilidad de ocurrencia y el otro el impacto que causarían en nuestra empresa. Dentro de la matriz, escribiríamos las acciones a tomar en caso de que se dieran los hipotéticos escenarios.

MATRIZ de Oportunidades y Amenazas	ALTA Probabilidad BAJA		
ALTA	**ESCENARIO 1** **Descripción del escenario y acciones a tomar**		
Importancia			
BAJA			

Por ejemplo, si voy a iniciar un negocio para vender generadores eólicos de energía eléctrica para usuarios domésticos habré estudiado el entorno y medido los segmentos potenciales y una vez hecho esto podré pensar en una serie de escenarios que produzcan cambios en ese entorno con el fin de estar preparado de antemano. Un escenario podría consistir en cambios legislativos que me impidan comercializar la energía generada o incluso conectarme a la red eléctrica. Otro escenario podría ser una modificación de los precios de los combustibles fósiles que hagan mi producto más o menos rentable. Un tercer escenario podría ser la irrupción de tecnologías solares más baratas o eficientes que cambien el posicionamiento de mi producto. Utilizando la matriz de oportunidades y amenazas podemos anticiparnos a los hechos, valorarlos y diseñar respuestas para adaptarnos a los cambios del entorno.

Todo este análisis situacional generará mucha información y al realizarlo de forma cíclica esta información nos mostrará tendencias, propiciará ideas y generará mejoras en la forma de gobernar nuestro negocio. Normalmente, después de realizar el análisis situacional se procede a consolidar y estudiar los datos resultantes mediante un análisis DAFO (SWOT). Pero para ello hay que recoger estos datos a medida que se producen. Te propongo que uses una plantilla como la que se adjunta a continuación para capturar la información que surgirá cuando utilices las herramientas señaladas anteriormente.

Cada vez que utilices una de las herramientas de análisis del entorno, identificarás oportunidades, amenazas, fortalezas y debilidades. Escríbelas en ese momento, relaciónalas con la oferta que estás diseñando y captura las ideas relacionadas con la innovación, diferenciación, los objetivos perseguidos y las acciones necesarias para conseguirlos. De esta manera, cuando acabes el análisis situacional tendrás mucho trabajo avanzado. Volveremos más tarde a revisar estos conceptos.

RESULTADOS POR HERRAMIENTA					
OFFERING	Componentes del DAFO (D,A,F,O)	Aspectos de INNOVACION	Aspectos de DIFERENCIACION	OBJETIVOS	ACCIONES

10   LA ESTRATEGIA COMO PROCESO

Como ya hemos introducido previamente, la estrategia es un concepto difuso que debemos definir para poder trabajar con él. Además, definirlo y acotarlo nos servirá para mejorar la comunicación dentro de la empresa, que es una de las bases de la innovación. Todos sabemos que tenemos que mejorar nuestra estrategia pero difícilmente vamos a hacerlo si no sabemos de qué estamos hablando.

Las definiciones y herramientas que utilizaremos serán clásicas y ampliamente conocidas, pero dotándolas de un enfoque procesual que es donde estará su valor.

Partiremos del ya clásico modelo de estrategia definido por Michael Porter en su histórico libro "Ventaja Competitiva", y de su concepto de diferenciación. No entraré a explicar estos conceptos ya que están lo suficientemente divulgados y pueden encontrarse de forma ubicua. Simplemente recordaremos que existen tres estrategias genéricas que generan ventaja competitiva, el precio, el nicho de mercado y la diferenciación. La ventaja en precios es una estrategia peligrosa ya que sólo existirá un ganador. La estrategia de nicho es difícil de buscar por lo reducido del mercado, aunque si ya se ha encontrado habrá que mantenerla por lo difícil que es para los competidores entrar ahí. Por lo tanto la gran estrategia a desarrollar es la de diferenciación por el gran potencial que presenta, sólo limitado por nuestra imaginación. Hasta aquí todo es terreno conocido.

Por lo tanto, el componente fundamental de la estrategia es la diferenciación. Se hace necesario crear productos y servicios diferentes para ponerlos en el mercado. Pero ¿quién en la empresa se encarga de buscar esta requerida diferenciación? Aquí es donde empiezan los problemas.

Existen muchas herramientas teóricas y modelos de gestión para buscar áreas de mejora, desde las propuestas en el libro de M. Porter como es la Cadena de Valor hasta las ideas desarrolladas en el libro de W. Chan Kim y Renée Mauborgne, Blue Ocean Strategy. Cada una tiene mayor o menor dificultad para ser utilizada. No obstante, existe un concepto de base necesario para generar diferenciación que es el concepto de innovación. La innovación es un proceso que proporciona ideas para diferenciar a la empresa en el mercado mediante su incorporación a productos, servicios y modelos de negocio. La innovación es el proceso sobre el que se construye la estrategia.

11 EL MODELO SINTÉTICO DE ESTRATEGIA DE MARKETING MSSM©

Para gestionar de forma fácil el concepto de estrategia utilizaremos un modelo al que nos referiremos como Modelo Sintético de Estrategia de Marketing (Marketing Strategy Synthetic Model, MSSM © 2016 Hugo Rubio) y que este libro introduce. El modelo reúne sintética y procesualmente los componentes de la estrategia poniéndolos en relación con el resto de componentes del plan de márketing.

El MSSM© se alimenta de los datos del análisis situacional previo que toda empresa debe realizar de forma constante y permanente. Este es así ya que el entorno cambia también de forma permanente y constante. Por lo tanto hay que adecuarse a él (no digo adaptarse sino adecuarse, a veces habrá que ser rupturista y cambiar el entorno) modificando la estrategia. Nunca estaremos seguros y por lo tanto deberemos revisarlo y cuestionarlo todo de forma permanente y constante. El gran filósofo Karl Popper decía que el hombre que está seguro de algo adopta la postura del loco. El loco no razona. El hombre seguro tampoco ya que al estar seguro no necesita cuestionar ni razonar nada más. El modelo SOSTAC®, al ser cíclico, no da lugar a la seguridad absoluta ya que en vez de finalizar se inicia y renueva permanentemente.

El MSSM© es, como su nombre indica, un modelo sintético, pero a la vez muy rico. Incorpora mucha información relativa a datos y procesos. La idea es que podamos tener el modelo in-mente, y de esta forma poder contrastar y razonar nuestras ideas. Tener un modelo de estrategia fácil de usar ayuda a comunicarnos dentro de la empresa, de intercambiar ideas, de identificar problemas y proponer soluciones. Si lo utilizamos en nuestra empresa como marco conceptual podemos comunicarnos mejor, y perder menos tiempos en discusiones estériles acerca de lo que es importante y lo que no (todo lo es, a su tiempo y en orden). Hay que recordar que el proceso de Innovación, esencial en nuestros días, comienza por una buena comunicación interna y ésta en herramientas y modelos adecuados.

El MSSM© sintetiza el proceso de la estrategia y es a su vez el punto de entrada para la táctica. No puede realizarse una implementación táctica si no se entiende bien el resultado de la estrategia o éste es pobre. Si por ejemplo, deseamos contratar a una agencia de márketing para que nos diseñe un plan de comunicación, hay que previamente comunicar a la agencia los resultados de nuestra estrategia para que con este conocimiento la agencia pueda desarrollar un plan efectivo. Un mismo producto podría tener asignado componentes estratégicos distintos para distintas empresas que darían lugar a planes tácticos totalmente distintos. Es necesario definir este concepto con claridad.

Un ejemplo podría ser el caso de diseño y comercialización de un reloj de acero. Cierta marca, como podría ser Rolex, podría querer situarlo como artículo de lujo y lo dotaría de unos componentes diferenciadores específicos para un target concreto que se materializarían en un posicionamiento determinado. A partir de aquí se desarrollaría un plan táctico (las 7 P) para esta estrategia. Otra empresa, como podría ser Seiko, con un producto similar, podría asignarle otros factores diferenciadores destinados a otro target y conseguiría otro posicionamiento que daría lugar a otro plan táctico. Y todo ello para un producto conceptualmente muy parecido (reloj mecánico de acero) cuyos componentes diferenciadores no se pueden entender si no se está introducido en el tema (intenta que alguien que no sea aficionado a la relojería te explique las diferencias entre ambos, exceptuando el precio). Implementar una táctica (las 7 P) sin una estrategia clara y explícita tiene poco sentido y es candidata al fracaso.

Vamos a comenzar con la descripción de los componentes de la estrategia. Recordaremos una vez más que la estrategia es un proceso, no un concepto estático y que engloba varios componentes, algunos de los cuales son a su vez también procesos. Los componentes de la estrategia serán analizados posteriormente en detalle.

Analizar el mercado, segmentarlo y entender sus requerimientos es un trabajo complicado. Satisfacerlo, diseñando la diferenciación requerida tampoco es fácil. Para generar diferenciación hace falta generar ideas, ideas de negocio, de mejora de productos y procesos, de comunicación con los clientes. Estamos hablando de INNOVACION.

La innovación es el pilar fundamental de la estrategia. La diferenciación se alimentará de lo que genere la innovación. Sin innovación no habrá diferenciación. En tu empresa tiene que existir un proceso de innovación. Se puede empezar de forma suave con la innovación, no es necesario tener un departamento de I+D. Desarrollaremos más tarde esta ideas.

La innovación alimenta pues a la DIFERENCIACION que es el componente central de la estrategia. Este concepto es el santo grial del marketing. Definido por M. Porter (y anteriormente por J. Schumpeter) hace muchos años dentro del concepto de estrategias genéricas (nicho, coste y diferenciación) sigue siendo el punto más problemático a resolver. Hay que buscar ser diferente aportando valor y, sobre todo, no quedar atascado en el medio, sin dar valor suficiente, ni poder competir en precios.

ESTRATEGIAS GENERICAS DE PORTER

Diferenciación

Atascado en el medio

Coste

Foco (nicho)

No se trata de ser el mejor, mejor solo habrá uno (igual que más barato solo habrá uno). Hay que ser diferente de los competidores, para el segmento (target) que hayamos elegido. Aquí es donde se introduce el siguiente componente de la estrategia, el TARGET.

Segmentar el mercado es algo que solemos hacer poco y mal. Es una tarea difícil, pero imprescindible. Hablaremos de ella más tarde.

Las empresas implementan su diferenciación en sus productos o servicios, pero hablar de producto en esta fase nos condicionaría mucho. Al hablar de un producto ya lo estamos definiendo. En esta fase de la estrategia, el producto o servicio está en fase de definición de acuerdo con el target, que también puede estar en proceso de identificación. Además podría tratarse de un producto, servicio, línea de producto, familia de productos o atributos de producto aumentado y todo esto, a su vez, cambiante. Para evitar este problema denominaremos a nuestro producto OFFERING, que engloba todas estas posibilidades, sin detallarlas (siento no haber encontrado un término equivalente en castellano, aunque admito sugerencias).

Para ilustrar este concepto de OFFERING podemos poner como ejemplo una oferta del mercado de cine por internet. El cliente podría adquirir distintos tipos de receptores, tipo disco duro grabador, tipo llave de memoria, basado en ordenador o en dispositivos móviles. A su vez los clientes podrían acogerse a distintos tipos de servicios, básicos, premium o servicio de videoclub. Todo ello evolucionaría con las necesidades del mercado. Esto es básicamente una offering, frente a un producto. De hecho, puede mantenerse una offering cambiando los productos que la componen.

Así pues, tenemos un binomio OFFERING/TARGET que será el núcleo de la estrategia. Normalmente, cuando se nos ocurren ideas de negocios, éstas suelen venir en forma de dualidad producto (o solución) – cliente (o necesidad). No importa qué se nos haya ocurrido primero, el cliente/necesidad o el producto/solución, pero es muy difícil que se nos ocurra lo uno sin lo otro.

Este binomio es el centro de la estrategia. Casi todo el análisis situacional que normalmente se consolida en un DAFO (SWOT) viene a responder a la necesidad de identificar lo que quiere nuestro cliente (oportunidades-amenazas) y como satisfacerlo con nuestra offering (fortalezas-debilidades). Lo que quiere nuestro target se resume en una palabra, el QUE (qué quiere). Lo que nosotros le entregaremos se resume en otra, el COMO (cómo satisfacemos ese qué). Más tarde volveremos sobre estos conceptos.

Tenemos ya cuatro componentes de la estrategia, la innovación, que nutre la diferenciación, contenida en la offering, que satisface a nuestro target. Todo esto nos lleva a ocupar un lugar en el mercado en el que se nos ve o queremos que se nos vea (a veces se nos ve como no deseamos). Es el POSICIONAMIENTO. El posicionamiento tiene dos caras. Una es dónde queremos posicionarnos. La otra es dónde nos posiciona el mercado. Es muy difícil y costoso (estratégico) modificar el posicionamiento de una empresa. Si se baja en el grado de posicionamiento percibido por el mercado será extremadamente difícil volver a subir. Podemos tener una buena oferta pero el mercado puede no vernos dónde nosotros nos queremos posicionar. Todo un problema.

Elegir el POSICIONAMIENTO deseado requiere obviamente tener identificado el TARGET y DIFERENCIADA nuestra OFFERING, basada a su vez en la INNOVACION. Estos son por ahora, los componentes de la estrategia. Aunque hay un problema. Todo esto no vale de nada si nuestros clientes no ven nuestro posicionamiento. Tenemos que asegurarnos de que nuestro target nos ve (con los ojos, no de manera figurada). Aquí jugará un papel fundamental la comunicación, que obviamente llamaremos Comunicación Estratégica para diferenciarla de la actividad táctica descrita en el plan de medios. Lo llamaremos PERCEPCION DEL CLIENTE POSITIVA, o negativa. Si el cliente no nos percibe no existimos y toda nuestra estrategia no llega a materializarse en el mercado.

Estos seis componentes forman la estrategia de márketing. La innovación es un proceso que dota de diferenciación a nuestra offering. El target es un concepto que surge del proceso de segmentación. El posicionamiento es un concepto que consolida los anteriores y que a su vez tiene que ser percibido de forma positiva por el mercado. Si alguno de estos componentes falla, no está bien desarrollado o no es coherente con el resto, tienes un problema estratégico que debe ser identificado y solucionado a la mayor brevedad para evitar incurrir en mayores gastos, disminución de ingresos o retardos temporales.

De ahora en adelante, si alguien te preguntara cuál es tu estrategia de empresa deberías de tener un discurso bien desarrollado que englobe todos esos seis conceptos. Explicar tu estrategia te llevará un buen rato, ¡si la tienes, claro!

La estrategia desarrollada en la empresa se materializa en lo que se conoce como ventaja competitiva. La ventaja competitiva es otro concepto de difícil identificación pero que hay que definir y auditar en la fase de diseño de la estrategia. Nuestra estrategia tiene que generar obviamente ventaja competitiva. Dedicaremos un capítulo entero a este concepto.

Una vez establecida nuestra estrategia la implementaremos con la táctica, las conocidas 7 P. Cada grupo de 7 P pertenecientes a un binomio OFFERING/TARGET es lo que se conoce como Márketing Mix o MMIX. No me cansaré de diferenciar estos dos conceptos. Tenemos que saber identificar al vuelo cuándo estamos hablando de estrategia y cuándo de táctica y nunca confundirlas.

Así pues, nuestra estrategia generara binomios de OFFERING/TARGETS, con su propia ventaja competitiva que saldrán al mercado en forma de MMIX, un MMIX por cada binomio. El binomio OFFERING/TARGET está definido en la fase estratégica. El MMIX aporta el detalle en la fase táctica, donde se creará físicamente.

Es clave saber diferenciar claramente cuándo trabajamos en modo OFFERING/TARGET (estrategia) de cuándo trabajamos en modo PRODUCTO (táctica). El día a día nos ocupará nuestro tiempo haciéndonos dedicar la mayor parte de él a trabajar en modo producto, sus detalles, la gama, familias de producto y otros atributos diversos, olvidando el análisis estratégico. Esta es una de las mayores causas de la deriva estratégica y sus fatales consecuencias.

Modelo Sintético de Estrategia de Marketing MSSM©

Este modelo engloba mucha información. Su importancia radica en cómo esa información fluye de forma coherente desde la toma de datos hasta la implantación táctica a través del concepto de estrategia. Explicaremos a continuación los diversos componentes del modelo. Mientras lo hacemos, puedes ir contrastando si en tu caso particular el modelo te permite encontrar puntos de fallo o áreas de mejora.

No comiences con el plan táctico (la generación de las 7 P por cada MMIX) antes de tener bien claro y definido el proceso de estrategia resumido en el MSSM©. Si lo haces, probablemente incurrirás en graves errores cuya resolución agotará tu tiempo y tus recursos, impidiéndote incluso volver a la fase de diseño. Recuerda que estrategia es diseño mientras que táctica es la implementación de ese diseño.

11.1   DERIVA ESTRATEGICA

Es importante identificar que si descuidamos nuestro desarrollo estratégico podríamos caer fácilmente en lo que se conoce como deriva estratégica.

Este concepto pretende transmitir que la falta de distinción clara y efectiva entre que son acciones y resultados tácticos y estratégicos puede hacernos creer que estamos tomando decisiones estratégicas cuando en realidad sólo estamos trabajando de forma táctica. El resultado es que de manera lenta y poco perceptible la empresa comienza una deriva que la aleja de posicionamiento estratégico correcto. Cuando por fin se da cuenta de la situación puede ser demasiado tarde para rectificar debido a los plazos y recursos que implican este tipo de decisiones. Esto ocurre frecuentemente debido a que una vez implementadas ciertas acciones estratégicas las organizaciones se relajan y se dedican a pequeños cambios tácticos. Nos dormimos en los laureles.

Por ello es tan importante realizar un buen análisis situacional, detallado y apoyado en herramientas que nos ayuden a una correcta determinación del problema. Si tenemos un problema estratégico pero en su lugar identificamos uno táctico, habremos cometido un error de los denominados errores de Tipo 3. A partir de ese momento, nos dedicaremos a resolver ese problema, pero cuando lo hayamos hecho seguiremos con nuestro problema estratégico sin resolver ya que no hemos sido capaces incluso de identificarlo. Habremos caído en la deriva estratégica.

Recordemos que nuestra estrategia falla cuando el cliente no ve nuestro posicionamiento (percepción del cliente negativa) o cuando no quiere lo que ofertamos (binomio OFFERING/TARGET equivocado). Paradójicamente, puede resultar más fácil crear un buen binomio OFFERING/TARGET que conseguir el posicionamiento deseado en el mercado. Todos conocemos muchos casos en el que la imagen de una empresa o marca tienen todavía un sólido posicionamiento en la mente de los clientes debido a su historial, o por el contrario, lo difícil que puede ser abrirse un hueco en el mercado aun cuando nuestro producto es mejor que el de los competidores, debido a que no somos conocidos.

Así pues, para evitar caer en la deriva estratégica debemos mantener nuestro proceso de INNOVACION activo en nuestra empresa, garantizando que genera DIFERENCIACION suficiente para nuestro TARGET o grupos de targets, que ocupamos la POSICION deseada en nuestro mercado, y que todo ello sea PERCIBIDO POSITIVAMENTE por nuestros clientes.

Uno de los casos más interesantes de deriva estratégica que ha ocurrido recientemente es el de la empresa KODAK. KODAK disponía de una gran estrategia materializada en productos y servicios alrededor de los procesos de fotografía y tratamiento de imágenes con base química. En el fondo, era una empresa del sector químico. Muchos de sus directores eran ingenieros químicos ocupados en buscar eficiencias en complicados procesos de producción y revelado. También tenía un buen despliegue táctico, con tiendas y franquicias en todas las ciudades y barrios, un llamativo logo y un nombre que se podía pronunciar en todos los idiomas.

Con el advenimiento de las cámaras digitales el mercado cambió. Los ingenieros químicos de KODAK no entendían la industria informática digital. Creían que eran dos mundos distintos, pero no era así. Como resultado, KODAK comenzó con su deriva estratégica. Sus clientes dejaron de verles ya que podían evitar el costoso servicio de revelado químico.

Debido a que la empresa tenía una táctica fuerte sobrevivieron, languideciendo, durante muchos años, pero no fueron capaces de generar una estrategia sustitutiva y finalmente la empresa quebró en 2012. Muchas de las soluciones que intentaron lanzar al mercado fueron tácticas, alrededor de la industria en la que estaban. Pero su TARGET ya estaba pensando en otro tipo de OFFERING.

El caso inverso también es posible, cuando se tiene la estrategia correcta pero una mala implementación táctica. En este caso se sobrevive pero con dificultad. Estos casos suelen darse cuando el producto es bueno y existe mercado, pero una inapropiada gestión de la familia de productos debida a la excesiva oferta, confusión entre opciones, solapamiento de productos, costes de gestión y errores de comunicación, por poner unos ejemplos, comienzan a deteriorar los rendimientos financieros de la empresa e incluso dañar su posicionamiento en el mercado.

Deriva y agotamiento estratégico	Correcta ESTRATEGIA Incorrecta	
Correcta **TACTICA** **Incorrecta**	ÉXITO EMPRESARIAL	FRACASA LENTAMENTE
	SOBREVIVE CON DIFICULTAD	FRACASO

Ser conscientes de un problema significa tener casi la mitad de su solución. Por el contrario, si no somos conscientes, nunca lo solucionaremos.

11.2 INNOVACION Y DIFERENCIACION

El concepto de innovación parece moderno y es hoy en día profusamente utilizado, aunque realmente es muy antiguo. Su uso moderno se le reconoce a J. Schumpeter, economista nacido en los años 1880 en Prusia. En sus libros pueden detectarse ideas genuinas acerca del concepto de diferenciación que luego fue inteligentemente desarrollado por M. Porter.

Schumpeter es conocido por ser el padre del concepto de "destrucción creativa" según el cual es necesario romper, destruir lo anterior para dar paso a lo nuevo que surge con fuerza renovada. Esta idea realmente ya existía desde siempre en el subconsciente colectivo y se transmite en forma de historias y leyendas como son ejemplos el ave fénix, el diluvio universal o la travesía del desierto. Lo antiguo desaparece y surge lo nuevo creando un también nuevo paradigma, o marco de referencia.

Todo el mundo quiere diferenciarse pero esto no es posible sin la innovación, de aquí que ésta sea tan importante. Por otra parte el proceso de innovación es muy sencillo, se basa en tres componentes: generación de ideas, evaluación de las ideas generadas seleccionando las consideradas valiosas, y difusión de los resultados.

Pero este proceso tiene varios problemas. El primero es cómo implementarlo en la empresa. Es interesante observar que tanto la estrategia como sus componentes son procesos. Esto significa que hay que implementarlos en la empresa mediante metodologías preparando a las personas y manteniéndolos en el tiempo. Al final se integran en la empresa mediante un cambio cultural y a su vez cambian la cultura de la empresa.

Es mucho mejor innovar mediante el cambio cultural que mediante procedimientos ad hoc. Ir a innovar es difícil ya que buscamos algo nuevo, por lo que será difícil identificarlo e incluso hablar de ello... ya que es algo nuevo y no existe. Es mejor implementar un proceso que provoque y recoja la innovación que ir expresamente a buscarla.

Las grandes empresas tienen departamentos de I+D, investigación e innovación. Algunas tienen incluso "inventores" en sus equipos. Las pequeñas no tienen nada de esto. Pero todas tienen el activo más importante para innovar que son las personas y su conocimiento.

El modelo de innovación basado en departamentos y centros dedicados se denomina "modelo lineal". Tiene su cometido, evidentemente y funciona para lo que se pretende. Pero existe otro modelo más integrador que es el modelo SECI desarrollado por Nonaka y Takeuchi en el que no sólo se abre la participación a múltiples participantes sino que esa es su base para nutrir el proceso. SECI es un acrónimo que significa Socialización del conocimiento, primero dentro de la empresa, divulgando el conocimiento tácito, el que muchas veces se tiene y se practica pero no está integrado en un procedimiento explícito; Externalización, para comunicar este conocimiento a otros grupos e incluso fuera de la empresa; Combinación, con otros tipos de conocimiento proveniente de otras fuentes que a su vez lo han externalizado y vuelta a la Integración para enriquecer el conocimiento de la empresa, esta vez ya de forma explícita.

Este modelo implica que el conocimiento está distribuido en la empresa, está en los trabajadores. Todos pueden y deben contribuir al proceso. Las ideas no se nos ocurren cuando organizamos una reunión dedicada para eso, sino todo el rato, en cualquier momento. Las sesiones denominadas "brainstorming" normalmente están mal planteadas, animando a cualquiera a decir cualquier cosa, surgiendo a menudo ocurrencias en vez de ideas de valor. Las ideas de valor surgen cuando combinamos un buen conocimiento de la situación, un buen conocimiento industrial, un buen conocimiento contextual y una buena metodología.

Para que esta metodología sea efectiva hay que darla a conocer comunicándola internamente, haciéndola participativa, dándole visibilidad y compartiendo sus resultados. El plan de comunicación interno en la empresa es muy importante y a veces se encuentra muy descuidado. El plan de comunicación interno puede ser el primer componente para implementar un proceso de innovación sólido en la empresa. La implementación de la metodología SOSTAC® puede facilitar este proceso, permitiendo establecer un lenguaje común para identificar áreas de mejora en la empresa. De esta forma, la planificación pasa de ser una actividad descriptiva y pasiva a otra analítica, activa y generadora de ideas.

Tengo un amigo que suele decir que se pierde mucho tiempo trabajando. Me hace gracia cuando lo dice pero tiene bastante razón. Se pierde tiempo cuando nos dedicamos a trabajar de manera automática en vez de dedicarnos, por ejemplo, a pensar. Perdemos el coste de oportunidad de ese tiempo, cuando podía haber sido dedicado a tareas de mayor interés. ¡No es lo mismo trabajar que currar!

Suelo decir a mis estudiantes universitarios que no me pongan ideas geniales en los trabajos de la asignatura. Yo no voy a calificarles por esas ideas que realmente no soy capaz de evaluar, sino por el uso de la metodología que les enseño. Ese es el cometido de mi asignatura.

La metodología es fundamental, pero luego en la vida real hay que complementarla con ideas, ideas buenas... ideas geniales si es que somos capaces de generarlas. Ahí sí tienen razón mis estudiantes. Muchas veces la buena gestión en nuestro desempeño laboral viene, además de por la metodología que siempre tiene que servir de base, por generar esa buena idea, ese destello que aparece de pronto, ese captar algo al vuelo, esa respuesta rápida a una necesidad de un cliente, ese darte cuenta de algo que es mejorable o de que presenta una oportunidad.

Esa idea que produce una buena gestión surgirá si estamos preparados, si conocemos el entorno, la situación, la metodología, en definitiva, si la buscamos proactivamente. Por eso, una idea feliz que se nos puede ocurrir en un momento puntual puede tener valor, pero rara vez será sostenible. Las empresas que triunfan en el largo plazo lo hacen porque tienen metodologías que provocan la generación de ideas, la conversión de ideas en productos y servicios y la correcta percepción de sus clientes. La metodología y su implementación son importantes.

Las ideas no sólo se aplican a productos. Estamos normalmente muy orientados a pensar en productos pero hay que pensar también en mercados, clientes, modelos de negocio, áreas de expansión, alianzas, procesos, canales... todo lo que afecte al negocio. Hay que identificar que el resultado de la innovación va destinado a poblar el primer cuadrante de la matriz BCG, el de los interrogantes. Las nuevas ideas dan lugar a nuevas offerings. Pero a su vez, los ejes de la matriz BCG también deben ser objetos de la innovación. Antes de lanzar ideas innovadoras sobre productos hay que determinar si el objeto de nuestra innovación coincide con el mercado creciente, se desmarca de la competencia o es afín a las capacidades de la empresa. Innovando, pueden cambiarse mercados enteros, como es un ejemplo el de la música en formato electrónico. La música sigue siendo la misma (el producto básico) pero la industria y su dinámica cambia completamente, al igual que lo está haciendo la industria del libro.

En tu empresa, establece un procedimiento que permita a los trabajadores generar ideas. Prémiales por hacerlo. Explícales el proceso, prepáralos para que sepan que pocas ideas serán finalmente implementadas pero que esto no debe ser óbice para dejar de proponerlas ni debe causar frustración. Muchas ideas no prosperarán pero servirán de base para generar otras que sí lo harán. He podido constatar este hecho a lo largo de los años. De esta forma se generará una cultura de la innovación. Cierta competencia interna puede ser necesaria, pero no mucha. Demasiada competencia interna produce individualismo y como consecuencia se deja de colaborar precisamente para ganar ventaja frente a los propios compañeros. Recuerda que la competencia salvaje, el darwinismo, el que ganen los mejores, significa falta de dirección. Eso ya lo hará el mercado por sí mismo pero dentro de la empresa no lo haremos así (una organización darwinista no necesita directores). Es mejor crear una cultura de la colaboración ya que de esta forma se fomenta la compartición del conocimiento siguiendo el modelo SECI. Recuerda que la innovación se basa en la cultura, el estilo de la empresa y esto hay que crearlo, no surge espontáneamente ni se basa en comportamientos individualistas. A su vez, las ideas generadas deben ser valoradas frente a las capacidades, fortalezas y oportunidades de la empresa y producir mejoras en forma de nuevos productos, servicios, procesos o modelos de negocio. Finalmente, la matriz BCG debe mostrar esos nuevos productos y servicios preparados para iniciar su vida comercial.

De esta forma, mantendremos nuestra oferta viva, modificada de forma dinámica y participativa. He conocido a directores que planteaban la necesidad de transmitir a todos los empleados su estrategia y a su vez recoger las ideas de su organización. He conocido a otros que opinaban que no es necesario comunicar todo a todos. Lo importante es detectar la necesidad existente y ser capaz de responder a ella teniendo un plan bien articulado y una metodología para recoger ideas. Hasta qué grado será necesario extenderla en la organización ya dependerá de cada caso en particular.

Con mucha frecuencia durante las sesiones de trabajo que llevo a cabo con empresas para la implantación de esta metodología alguien comenta que "algo estaremos haciendo bien en la empresa, ya que el negocio va bien", y tienen razón. Pero precisamente el problema está en desconocer qué es lo que se hace bien. El conocimiento tácito se posee, pero hay que transformarlo en conocimiento explícito, identificar qué es lo que se hace bien, procedimentarlo, escribirlo, mejorarlo, construir ventaja competitiva sobre él. Si el negocio va bien no hay problema. Pero cuando empiece a ir mal debido a un cambio en el entorno (y el entorno siempre cambia) no sabremos qué es lo que ahora hacemos mal, lo mismo que no sabíamos qué es lo que antes hacíamos bien. Este problema es muy frecuente en la empresa familiar, cuando las sucesivas generaciones que gobiernan la empresa pierden el conocimiento profundo de la estrategia de negocio y la sustituyen por una administración técnica y financiera.

11.3   DISEÑO DE LA OFFERING

La offering, como ya hemos introducido previamente, es una idea que posteriormente se transformará en un producto o familia de productos junto con sus servicios. Es, obviamente, el primer paso para generar diferenciación. Llamándola offering pretendemos ampliar las posibilidades que tenemos de materialización y así evitar caer prisioneros de nuestro propio producto, lo que se conoce como Miopía de Marketig, término acuñado por Theodore Levitt en los años 1960. Te recomiendo buscar en internet esta referencia y leer su famoso artículo, Marketing Myopia.

El mensaje subyacente es que los productos satisfacen deseos o necesidades de los clientes. El producto es la materialización de la offering pero será necesariamente cambiante, incluso en su concepto. Hace unos años vi en Estados Unidos una antigua radio de salón, un aparato de madera, voluminoso y de bonito diseño. La marca era Zenith. Mirando por las rejillas de su parte trasera, pude ver las válvulas de vacío. La marca de las válvulas era Motorola. Posteriormente Zenith diseñó y fabricó otros muchos aparatos electrónicos. Motorola, por su parte, siguió fabricando componentes y se consolidó como uno de los grandes fabricantes de microprocesadores. De una radio Zenith con válvulas Motorola se pasó a un ordenador Zenith con procesadores Motorola. No sólo los productos cambian, también lo hacen los motivos y requerimientos hasta incluso transformar la empresa. Nokia comenzó como una empresa de calzado y se consolidó años más tarde como un fabricante de tecnología de comunicaciones.

Por a ello, nuestra offering deberá ir ligada a lo que quiere nuestro target y no al revés. En demasiadas ocasiones acometemos un proyecto empresarial debido a que hacemos lo que hemos hecho toda la vida, a que hemos heredado un negocio familiar que hace un determinado producto, a que nos gusta algo en concreto y canalizamos por ahí nuestra energía empresarial, a que hacemos lo que sabemos, o por el contrario, a que la falta de conocimientos nos limita las posibilidades y por lo tanto hacemos lo (poco) que podemos.

Es verdad que debemos acometer proyectos empresariales basados en nuestros conocimientos. Pero el reciproco no es cierto. Es decir, los proyectos empresariales no deben condicionar nuestros conocimientos, sino que estos deben adecuarse a las oportunidades del mercado. Todo esto puede parecer muy obvio, pero es una gran fuente de errores de estrategia.

Pongamos algunos ejemplos. A mí me gusta mucho el triatlón, soy muy aficionado y entiendo mucho. Se me ha ocurrido que podría montar una tienda para vender material de triatlón.

Este es un caso muy popular, mucha gente lo ha hecho, adaptándolo a su caso en concreto. El error empresarial es que no hay que montar la tienda debido a que a ti te gusta ese deporte en concreto. Hay que montar la tienda del deporte que esté en crecimiento y desarrollar los conocimientos que ese negocio requiera.

Hacer lo que hacía tu padre que es lo que hacía tu abuelo, es una idea romántica pero con poca base empresarial. Si tienes la suerte de trabajar en un segmento de mercado rentable y sostenible y cuentas con conocimientos exclusivos, fenomenal, pero estate siempre alerta de forma proactiva a los cambios en el mercado.

Si tienes formación en una disciplina concreta pero no hay demanda para ella tienes que desarrollar nuevos conocimientos. Si has estudiado periodismo (por poner un ejemplo real) pero el mercado está saturado, deberás de forma urgente complementar tu carrera con otros conocimientos que sí tengan demanda.

Si careces de conocimientos diferenciadores, tienes que ser extremadamente cauto. Comenzar un negocio del tipo que sea, condicionado por la falta de conocimientos es una de las razones de que fracasen el 90% de los negocios que se inician.

En muchas ocasiones la offering será similar entre los distintos competidores. Puedes ver en el mercado que tanto si hablas de ropa como de ordenadores, las distintas marcas ofrecen un producto base (un pantalón, un ordenador) que se materializa en el mercado a través de líneas o familias de producto. Sobre el producto base se desarrolla el producto aumentado que consiste en características adicionales (tipos, prestaciones) así como servicios (garantías, facilidades y otros). El detalle del producto aumentado y de sus componentes de servicios corresponde a la táctica, aunque su diseño debe ser contemplado en la estrategia. Cuanta mayor diferenciación tenga la offering en su diseño estratégico menor dependencia tendremos de sus detalles tácticos. Un coche es un coche pero la offering de Tesla y la de Renault (por poner un ejemplo y sin ánimo de comparar) están extremadamente diferenciadas y compiten de forma distinta en distintos segmentos del mercado. Un fabricante de tornillos encontrará mucha más dificultad para diferenciar su producto base y posiblemente tenga que competir en precio.

Cuando diseñes la offering ten en cuenta las posibilidades que te da el producto base, qué atributos puedes conferirle para generar producto aumentado y de que componentes de servicio puedes dotarle para que todo ello genere la diferenciación necesaria que demanda tu segmento.

Recuerda que las equivocaciones que cometas aquí no podrás corregirlas en la fase táctica cuando el producto ya esté definido, de la misma manera que una vez decidido que se va a fabricar un Renault twizy no hay forma de transformarlo en un Tesla model S (o al revés). No es un problema de diseño de un coche (táctica) sino un problema de no haber entendido los requerimientos del mercado y en consecuencia, errar en la definición de la offering y su materialización en el producto.

Para soslayarlo habría que volver a diseñar la estrategia (y por supuesto, haber entendido correctamente los requerimientos del mercado).

Una empresa debe generar, utilizando la innovación, propuestas constantes de binomios offering/target. Muchas de ellas fracasarán, pero algunas triunfarán. No hay que tener miedo de las propuestas fallidas (mientras no nos arruinen claro). Este manual sobre estrategia pretende precisamente que el planteamiento de estos binomios offering/target sean lo más acertados posible. Como decía Einstein, la mejor manera de generar una buena idea es generando muchas. Pero con metodología y preparación la proporción de ideas buenas será mayor (esto lo digo yo, ¡con el permiso de Einstein!).

Las ideas generadas, en forma de binomios offering/target, pasarán a incorporarse a nuestro portafolio de productos. Nuestro portafolio de productos siempre deberá tener productos en varios cuadrantes, como nos indica la herramienta de análisis conocida como la matriz de Boston, o matriz BCG. Esta es la conocida matriz de las vacas, perros estrella e interrogantes. Tampoco la explicaré aquí ya que es sobradamente conocida. Para que algún producto nuestro llegue a ser estrella o vaca, primero tendrá que ser interrogante. Muchos interrogantes caerán a perros, un noventa por cien. La realidad es así, por lo que es necesario que nuestro proceso de innovación permita el diseño ágil de conceptos, prototipos, productos reales y contemple su fracaso programado con el menor daño posible a la empresa.

Nuestras offerings deben seguir el ciclo desde interrogantes a estrellas y luego a vacas, en un porcentaje significativo. De otro modo, nuestra estrategia no está funcionando. La matriz debe reflejar un equilibrio dinámico.

MATRIZ BCG	+ PENETRACION EN EL MERCADO -	
Mayor **CRECIMIENTO DEL MERCADO** **Menor**	**Estrellas**: son las offerings que han tenido éxito. Financian su propio crecimiento.	**Interrogantes**: Aquí es donde se genera la offering. Este cuadrante debe de estar suficientemente lleno con nuevas offerings derivadas del proceso de innovación. Consumen recursos.
	Vacas: son antiguas estrellas. El mercado ya no crece pero no tenemos competidores, por lo que el producto es muy rentable. Financian la generación de nuevas offerings.	**Perros**: Muchas de las offerings caerán a este cuadrante debido a que el mercado ha decaído y ya no son interesantes. Consumen recursos.

Además de la BCG e incluso antes, hay que analizar como nuestra empresa en su totalidad se adecúa al mercado que queremos servir. Las actividades que desarrollemos estarán condicionadas por esta decisión y por lo tanto condicionarán nuestra estrategia. Una vez iniciada una actividad va a ser muy difícil cambiar a otra, pero sí que podremos reconducirla de forma sostenida de acuerdo con los cambios en el entorno.

Para esto nos puede ayudar la Matriz GE (de General Electric) o matriz direccional. En uno de sus ejes situaremos lo que nos atrae de un mercado o de una industria. En el otro, pondremos cómo nuestra empresa se adecúa a ello. Fíjate que esto se parece mucho a las oportunidades y fortalezas del DAFO. De aquí se sacan precisamente esos datos (recuerda consolidarlos en la plantilla del capítulo 9).

Una vez configurada la matriz, debemos elegir mercados (oportunidades) y desarrollar fortalezas para servirlos, mediante la formación y la innovación.

La Matriz GE trata de balancear nuestras fortalezas con las oportunidades. Esto no es evidente. De hecho, muchas veces nos encontramos valorando hacer algo que nos apetece más frente a otra opción que quizá sea más conveniente. Un caso típico es la elección de los estudios, de la carrera profesional. ¿Qué hacer, lo que nos gusta o lo que nos permitirá conseguir un puesto de trabajo? Es una discusión muy habitual para la que no hay respuesta directa. He visto defender las dos posturas con buenos argumentos.

Esta herramienta nos ayuda a evaluar y ponderar. La elección de la carrera profesional fue una decisión dura para mí, como normalmente lo es para todo el mundo. El mundo de la ingeniería me interesaba mucho aunque no estaba seguro de contar con las capacidades requeridas. Posteriormente, una vez finalizada la carrera, solía aconsejar a otras personas que también dudaban, a estudiar ingeniería. Un buen amigo al que tengo en alta estima me dijo una vez que no diera consejos, que podría confundir a la gente, que es mejor que cada uno decidiera por sí mismo. Nunca entendí por qué no se aplicó el consejo a sí mismo, pero le hice caso y estuve una larga temporada sin dar consejos directos, y si alguien me preguntaba le respondía con un planteamiento basado en la matriz direccional, con el que la persona interesada podía clarificar un poco sus dudas.

Aconsejar tiene sus riesgos. Es verdad que puedes confundir, pero sabiéndolo, puedes minimizar el riesgo. También puedes encontrarte con que tu consejo es incluso criticado. Debido a ello, es conveniente plantear un escenario de posibilidades dejando la decisión al interesado, haciendo ver que la decisión depende de varios componentes que hay que ponderar.

(Posteriormente evolucioné en mi forma de pensar. Ya no me arriesgo a cometer errores aconsejando a quién no conozco lo suficiente o a quién me puede despreciar el consejo. Pero sí aconsejo a los que me pagan por ello o a la gente que quiero. En los dos casos asumo las críticas).

MATRIZ GE o Direccional	Mayor ATRACTIVO DEL NEGOCIO Menor			
Mayor				
CAPACIDAD DE LA EMPRESA				
Menor				

Las culturas orientales tratan de evitar estas discusiones con su famosa filosofía basada en el ying y el yang. Todo tiene sus dos caras. Se trata de admitirlo y buscar un punto de equilibrio, aunque este punto sea móvil en casi todas las ocasiones. Si haces lo que te gusta claramente lo harás mejor, pero sin descuidar el objetivo que estás persiguiendo. Siempre será más fácil hacer lo que nos gusta y lo haremos mejor aunque en muchas ocasiones habrá que hacer lo que no nos guste.

Esto tiene cierta correlación con al famoso concepto de ventaja comparativa, introducido por el gran economista David Ricardo frente al moderno concepto de ventaja competitiva. La ventaja comparativa se da cuando hacemos algo de forma más fácil o barata que los demás. Un país podría tener ventaja comparativa en mano de obra, en acceso a recursos o por disponer de ciertos conocimientos. Esto podría ir en el eje de las fortalezas. Pero adicionalmente, podría desarrollarse ventaja competitiva para desarrollar otras fortalezas de las que todavía no disponemos y de esta forma perseguir nuevas oportunidades. Puedes tener una zona geográfica donde se da bien el cultivo de la vid (una ventaja comparativa) y adicionalmente desarrollar conocimientos para elaborar y comercializar buen vino (ventaja competitiva). Puedes tener ventaja comparativa para la industria del turismo ya que tienes sol y playas, pero querer desarrollar ventaja competitiva en el sector industrial y tecnológico.

La Matriz GE nos permite explorar todos estos conceptos en distintos niveles de análisis. Las oportunidades deben analizarse en sentido amplio a nivel de industria, mercado, a nivel de offering o a nivel de producto si hemos llegado ya a este nivel de definición. Por eso he llamado al eje horizontal "Atractivo del Negocio", para que pueda ser sustituido por industria, mercado, offering o producto/segmento, entre otros. Es decir, el Atractivo del Negocio se puede desglosar de la siguiente forma:

1. Atractivo de la industria de la que formamos parte. Por ejemplo, podemos ser una empresa de informática dedicada al hardware y decidimos pasarnos al software ya que crece más. Estaríamos en la industria del software.

2. Atractivo de la industria cliente (mercado). Podemos decidir qué nos vamos a focalizar por ejemplo en clientes de cierto sector, como por ejemplo el sector de la Banca. Muchas empresas están organizadas por industrias de forma que puedan adecuarse mejor y entender en detalle las necesidades de sus clientes.

Esto permite además elevar el nivel de diálogo con el cliente y mejorar la comunicación y el posicionamiento de nuestra empresa.

3. Atractivo de la Offering. En este paso comenzamos con el diseño la offering, condicionado por nuestra industria y la industria propia del cliente. Recordemos que la offering es lo primero que ve el cliente y que está formada por productos que se pueden ir modificando. Por ejemplo, la empresa Netflix vende cine en casa, bajo demanda. Empezó alquilando DVDs por correo y hoy lo hace por internet. Adicionalmente, ha creado offerings nuevas como por ejemplo la producción de sus propias series.

4. Atractivo del producto. Aquí desarrollamos los componentes de la offering de acuerdo con las necesidades de los segmentos de clientes, que hay que estudiar de manera detallada como se verá en su capítulo correspondiente.

Este análisis nos permitirá entender mejor al cliente y establecer con él un diálogo de nivel más elevado. Al intentar comprender mejor la industria en la que opera un cliente mejoramos nuestro nivel de conocimiento e interlocución. Hay que evitar hablar de lo nuestro, de nuestro producto hasta que hayamos dejado al cliente hablar de lo suyo, de su industria, de sus necesidades y de sus problemas asociados.

Antes de intentar vender algo hay que entender qué quiere el cliente y este procedimiento te ayudará a ello. Déjale al cliente que te cuente, practica la escucha activa, no le interrumpas con lo tuyo hasta que acabe de contarte lo suyo. Interésate de verdad por sus problemas, sé todo lo asertivo que puedas y tu offering tendrá mayores posibilidades de tener éxito en esa industria ya que incorporará en su diseño las necesidades que tus clientes te han indicado. Cuando tengas la oportunidad de contar tu producto hazlo con la perspectiva de la industria y busca las ventajas que aporta de acuerdo con la cadena de valor del cliente y de su industria.

Observa que las matrices BCG y GE pueden ponerse en correspondencia ya que normalmente el negocio que más nos atraerá (eje horizontal de la matriz GE) coincidirá con el mercado creciente (eje vertical de la matriz BCG). Digo esto debido a que en demasiadas ocasiones estas herramientas no se aplican con suficiente coherencia y por lo tanto no se obtiene de ellas todo su potencial. Estas herramientas de análisis son ya clásicas y bastante sencillas pero utilizándolas bien pueden aportar muchas ideas a nuestro negocio.

En el ejemplo que hemos visto seleccionaríamos solo los negocios que aparecen sombreados en la matriz y que coinciden con nuestras capacidades. Es decir que habrá negocios que nos interesan menos pero para los que tenemos mucha capacidad y viceversa. Lo interesante de este estudio es que nos obliga a reconocer los negocios que nos interesan a futuro y a adecuar nuestras capacidades a ellos.

La matriz direccional es el inicio del análisis estratégico que nos permitirá comenzar con el diseño del binomio offering/target. Es un concepto sencillo pero de mucho calado y no siempre identificado con claridad. Hasta tal punto esto es así que la Unión Europea ha lanzado su programa de especialización inteligente RIS3 dentro de su programa Europa 2020 para impulsar a las regiones a identificar de forma explícita sus oportunidades y capacidades, generando de esta forma estrategias regionales competitivas y sostenibles. Las empresas tienen estrategias de negocio, pero las regiones y los países también. Debes acertar en la identificación de tus oportunidades así como en el desarrollo de las correspondientes capacidades.

11.4 MODELO DE NEGOCIO

El modelo de negocio es el segundo concepto, después del diseño de la offering, que nos permite seguir generando diferenciación. El modelo de negocio es un concepto mucho más abstracto que el concepto de offering. No es fácil identificar un modelo de negocio y menos aún que sea especialmente diferenciador para nuestra empresa.

Hay que comenzar diciendo que el modelo de negocio de una empresa está condicionado por el modelo de negocio genérico de la industria en la que opera (y en la que operan por lo tanto nuestros competidores) y por el modelo de negocio del cliente. Por lo tanto habrá oportunidades de mejora tanto en nuestro propio modelo como en la forma en la que nuestro modelo entronca con el del cliente. Los cambios que se produzcan en el modelo de negocio de nuestros clientes propiciarán cambios en el modelo de negocio de nuestra industria y viceversa. Por ejemplo, los cambios en los hábitos de vida de las familias (modelo de negocio del cliente) producen cambios en el modo en que la industria alimentaria atiende las necesidades de las familias tanto en la forma de producir alimentos, empaquetarlos, conservarlos, facilitar la preparación en casa, aumentar la oferta de comidas y cenas fuera de casa o de catering a domicilio.

Existen algunas herramientas que pretenden ayudar con el problema de identificar y mejorar los modelos de negocio. Las más clásicas provienen de M. Porter, y son la Cadena de Valor y las Cinco Fuerzas. No explicaré aquí estos modelos ya que son de sobra conocidos y ampliamente divulgados pero sí te animaré a que los utilices con el fin de mejorar tus procesos internos y por lo tanto el modelo de negocio.

Quizá lo más útil para entender esto sea comenzar dibujando los procesos que afectan a nuestra empresa con el cásico esquema de cajas y flechas. En el mercado hay herramientas para modelar procesos y otras para implementarlos informáticamente. Pero antes de modelar hay que entender qué pasa en el mercado, cómo funciona la industria e identificar sus puntos de mejora. Una vez hecho esto podremos modelar mejor nuestros propios procesos. Puedes buscar en internet imágenes de la cadena de valor (value chain) o de modelos de negocio de empresas o industrias. Te será muy ilustrativo.

Pongamos un ejemplo. Pensemos en un restaurante tradicional que quiere incrementar su negocio. El modelo tradicional consiste en atraer y servir a los clientes en sus instalaciones. Este modelo requiere un local suficientemente agradable, una cocina, cocineros y camareros, simplificando un poco. El restaurante quiere añadir un nuevo modelo a su negocio consistente en cocinar y llevar comida a los clientes a sus casas. Esto requeriría un medio de transporte, propio o alquilado, unas capacidades para envasar y presentar la comida y cierto incremento en la capacidad de producción.

Otro restaurante podría pensar en algo parecido pero con el modelo de negocio ligeramente ponderado hacia la comida a domicilio. Podría ser un negocio tipo pizzería. Este modelo pretende atraer a ciertos clientes pero no quiere servir en sus instalaciones más que lo necesario. Por ello, el local no será tan agradable, incluso será un poco incómodo con el fin de que los clientes realicen el pedido, coman y se vayan cuanto antes (aumentando de este modo la rotación). La cocina, a su vez, se parecerá más a una cadena de producción que a una cocina tradicional. En cambio, tendrá muy desarrollada la parte del modelo relacionado con la entrega a domicilio y esa parte tendrá un gran peso para el posicionamiento de la empresa en el mercado.

Una tercera empresa también puede pretender entregar comida a domicilio pero mejorando todavía más la parte del modelo que se refiere a la entrega y a la propia gestión del cliente. Para ello, se centrará en establecer relaciones con proveedores que le proporcionen la comida ya cocinada e incluso su entrega. Esta empresa no tiene local, cocina ni procesos relacionados con ella. Se limita a gestionar el pedido. El modelo de negocio de esta empresa se centra en la gestión de los clientes y proveedores así como en una cobertura geográfica amplia que consolide el posicionamiento deseado.

Cuando un cliente está decidiendo dónde comer algo no piensa en el modelo de negocio de sus posibles suministradores, pero cada una de estas tres empresas le atenderá basándose en un modelo totalmente distinto.

El modelo de negocio no tiene por qué ser visto necesariamente por el cliente. Puede serlo, incluso algunas empresas pretenderán que se vea como parte de su diferenciación. Por ejemplo, un banco puede pretender acercarse al segmento joven instaurando procesos distintos, quizá basados en nuevas tecnologías y haciéndolos visibles para ese segmento mientras que otro puede querer mostrar a los clientes tradicionales otro tipo de procesos más acordes con sus necesidades como puede ser la gestión personal directa.

Adicionalmente puede haber partes del modelo no visibles a los clientes pero de alto impacto en ellos. Por ejemplo, una cadena de restaurantes de comida rápida tiene un modelo muy visible por el cliente consistente en una comida estándar (el cliente sabe qué le van a servir y lo que le va a costar, no hay sorpresas), un local siempre limpio y una atención inmediata sin esperas ni tiempos muertos. El cliente ve el modelo. Pero ello se sustenta en una parte del modelo que no se ve consistente en una logística que hace que los productos lleguen en un orden que garantiza la rapidez, en unos procesos internos de cocina estrictos y en una preparación de sus trabajadores metódica.

El modelo de negocio y el diseño de la offering son los dos puntos principales para generar ventaja competitiva. El diseño de la offering se entiende de forma mucho más fácil que el modelo de negocio. Los productos y servicios se entienden mucho mejor que los procesos. Muchos negocios innovadores se basan más en modelos de negocio que en productos.

Incluso pueden distorsionar un mercado sin cambiar los productos, cambiando el equilibrio de las fuerzas de la industria.

Para nosotros, realizar la compra en un hipermercado es totalmente habitual, pero recuerdo los tiempos cuando no existían y realizábamos la compra en las tiendas de barrio. El desarrollo de las grandes superficies modificó totalmente el mercado. Muchas pequeñas tiendas tuvieron que cerrar y las relaciones entre proveedores y clientes (hipermercados) cambiaron a favor de éstos. Realmente, los hipermercados no venden nada que no se pueda encontrar en las tiendas tradicionales. Lo que cambia es el modelo y a veces es algo tan simple como poner a disposición de los clientes una oferta mucho más rica y una compra más fácil, no necesariamente más barata.

Adicionalmente los hipermercados han implementado nuevos modelos para generar ingresos además de vender sus productos al cliente, como lo son la venta de lineales, los descuentos adelantados por volumen (rápel), y el fondo de maniobra negativo (cobrar al cliente antes de pagar al proveedor).

Un ejemplo parecido lo tenemos con las grandes cadenas internacionales de muebles, ropa o deportes que en cuanto se implantan en una geografía distorsionan con el modelo que utilizan los negocios locales sin modificar necesariamente los productos, a veces sustituyéndolos por los suyos propios, debido más al modelo que a la diferenciación en producto.

Piensa cómo son los modelos de negocio de tu empresa, cuáles son los de tu cliente y cómo podrían combinarse de forma más conveniente. Al igual que hicimos con el diseño de la offering, identifica qué podría crearse, eliminarse, mejorarse o minimizarse. Y esto debe hacerse para procesos internos y externos.

El modelo de negocio deberá estar integrado dentro de una herramienta de planificación más amplia. Por ejemplo, SOSTAC® recorre de forma metodológica todas las áreas del plan de marketing aunque no explica cómo desarrollar el modelo de negocio. CANVAS, por su parte, se denomina a sí misma la herramienta para desarrollar modelos de negocio, pero está constituida por casi los mismos componentes que SOSTAC® presentándolos de forma más visual aunque perdiendo el componente cíclico y secuencial. CANVAS introduce los procesos clave que son una llamada a la generación del modelo de negocio pero sin especificar más por lo que se hace necesario desarrollarlos de forma independiente de la herramienta. El modelo de estrategia MSSM© identifica el lugar donde hay que desarrollar este componente y alinearlo con el resto de componentes de la estrategia para luego poder ser incorporado a cualquier proceso de planificación.

Así pues, cuando vayas a pensar en cómo mejorar tu modelo de negocio puedes seguir el siguiente guion:

1. Dibuja mediante un esquema de cajas y flechas, cuan es el actual modelo de tu empresa, identificando las áreas donde se aporta más valor (fortalezas). Puedes identificar estas áreas en la Cadena de Valor de Porter.

2. Dibuja también el modelo de la industria para entender las diferencias y similitudes entre nuestro modelo y el genérico de la industria (y el de nuestros competidores).

3. Dibuja el modelo de negocio del cliente. Identifica los puntos donde el cliente recibe el valor (oportunidades). Esto estará relacionado con el proceso de compra del cliente, explicado más tarde en el capítulo sobre segmentación.

4. Dibuja también el modelo de la industria del cliente

5. Identifica oportunidades comparando estos cuatro modelos y sitúa ahí tus offerings. Identifica cómo el modelo de tu cliente y el de tu empresa entroncan y

en qué lugares. Identifica en qué se diferencian de los modelos de la industria y cómo puedes adecuar tu modelo al del cliente para crear ventaja competitiva. Analiza en este punto la cadena de valor del cliente y la tuya para ver cómo encontrar áreas de mejora.

Algunos casos de modelos de negocio exitosos han triunfado al producir rupturas en el mercado, modificando sus fuerzas, a través de importantes innovaciones. Algunos han sido soportados en gran medida por innovaciones en tecnología y otros en cambio por proponer cambios audaces. Como decía el gran escritor Bernard Shaw, "El hombre razonable se adapta al mundo, el irrazonable persiste en intentar adaptar el mundo a sí mismo. Por lo tanto, todo progreso depende del hombre irrazonable".

Veamos algunos ejemplos de cambio en el modelo de negocio:

- Tienda pequeña / hipermercado
- Librería / tienda en internet (Amazon)
- IKEA, no ofrece sólo producto, sino estilo de vida
- Bonos, cupones y su adaptación a internet
- Agregadores y comparadores en internet
- Diseño rupturista (Circo del Sol)
- Ingresos Pasivos, contenido generado por el cliente
- Contratación cíclica ventajosa para ambas partes
- Semillas modificadas genéticamente (cambio rupturista)

Estos cambios en el modelo de negocio producen cambios a su vez en las fuerzas de la industria. El análisis de las cinco fuerzas de Porter nos permite visualizar estos cambios. Puedes utilizar el modelo intentando hacerlo dinámico, es decir, reflejando los cambios de la industria.

A continuación podemos ver como las fuerzas del mercado de software cambian al modificarse la forma de comercializarlo, de producto a servicio. Los proveedores tradicionales pierden fuerza. La ganan los sustitutos que proporcionan el servicio y nuevos entrantes que ya nacen con el nuevo modelo. El mercado se desplaza hacia el nuevo modelo.

5 Fuerzas de Porter

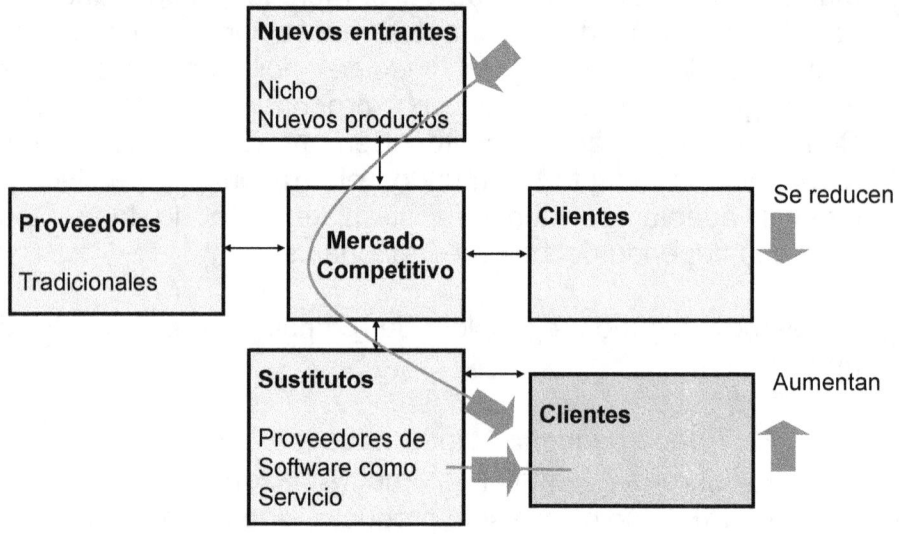

Este método de analizar el modelo de negocio junto con la offering es un potente generador de ideas que, recordemos, son la base para alimentar el proceso estratégico. Las ideas se generan mejor si contamos con la ayuda de metodologías y herramientas. Dedica un tiempo a aplicar estos conceptos en tu problema particular y comprobarás como surgen ideas de mejora tanto en productos y servicios como en procesos. Profundiza todo lo que puedas en el conocimiento de la industria en la que trabaja tu cliente.

11.5 SEGMENTACION Y TARGETING

El proceso de segmentación y targeting aporta el punto de vista del cliente, sus necesidades, deseos y querencias. Es muy importante ponerse en el lugar del cliente, tan importante como difícil. En ocasiones es tremendamente difícil admitir que nuestro producto, mejor y más barato que el de la competencia, no tiene la acogida esperada en el mercado. Entender por qué ocurre esto es el objetivo del análisis estratégico.

El concepto de segmento y de segmentación es algo que todo el mundo conoce. Un segmento es un conjunto de clientes que presenta características comunes u homogéneas para cierto tipo de productos o servicios y que por lo tanto posee interés comercial. Un target es un segmento seleccionado para la acción comercial de nuestra empresa debido a que podemos crear productos o servicios para él, tiene un tamaño suficiente para nuestros objetivos de negocio, es afín a la actividad de nuestra empresa, es fácilmente alcanzable u otros argumentos de este tipo. Es decir, que existirán segmentos no considerados como target y a los que no se dirigirá nuestra empresa (con el fin de simplificar la nomenclatura utilizaremos el nombre de "segmento" en vez del de "target" una vez aclarado lo que es cada uno). Los segmentos de interés deberán estar contenidos a su vez en los mercados o industrias de interés para la empresa que se consideran dentro de la matriz GE o direccional y que pueden ser medidos a efectos de capacidad de compra.

Esto es muy importante ya que en demasiadas ocasiones tendemos a no realizar ejercicios de segmentación por lo que nuestro producto puede ser diseñado sin la suficiente diferenciación o la estrategia de comunicación puede resultar ineficaz si no está bien orientada a nuestro target.

Vimos anteriormente el concepto de MMIX y como se componía de las 7 P de márketing. El MMIX se desarrolla sobre cada offering definida en la fase estratégica de acuerdo al segmento seleccionado (target) al que va dirigido. Esto se denomina, como ya vimos, diseño de la "offering" o diseño de la oferta (binomio offering/target). Este es un concepto superior al de producto o gama de productos y lleva imbricada la visión del cliente. No se trata de hacer algo mejor o más bonito sino de realmente entender qué quiere el mercado. Una vez diseñado, la táctica se encargará de perfilarlo, pero si nos hemos equivocado en el diseño de la oferta, la táctica no lo arreglará y seguirá buscando empaquetamientos de la 7 P mejores... aunque siempre serán tácticos y no podrán corregir un error estratégico.

Al diseñar la oferta observamos que todos los componentes de la estrategia están presentes de forma simultánea. Este no es un proceso realmente secuencial. Cuando innovamos tenemos que tener presente la finalidad de la innovación, el "cómo nos ve" el cliente, para qué nos quiere, cómo nos situamos en el mapa de posicionamiento mental del cliente. El mapa de posicionamiento no es para que nosotros nos situemos donde queremos estar o donde creemos que estamos sino para entender cómo nos ve el cliente en el mercado. La innovación es para tener éxito en el mercado. Para Schumpeter el innovador es el empresario que tiene visión comercial, no el inventor de productos. Steve Jobs era el innovador aunque no sabía nada de tecnología. Stephen Wozniak era el inventor, el supertecnólogo, el que era capaz de fabricar y diseñar cualquier cosa que... fuera primero visualizada por Jobs, pero no era el innovador en el sentido schumpeteriano de la palabra.

Así pues, en esta fase de diseño estratégico de la oferta hay que tener simultáneamente en cuenta el producto y servicio que queremos diseñar, los segmentos potenciales para dotarlo de diferenciación suficiente, los competidores y nuestra situación en el mapa de posicionamiento.

Los segmentos potenciales normalmente presentarán complejidad ya que se tratará de segmentos industriales y de consumo pertenecientes a su vez a diferentes industrias.

Existe mucha bibliografía para realizar ejercicios de segmentación. No es el objetivo de este libro entrar en este detalle aunque podría empezarse por generar una lista de criterios para alinear las necesidades de los segmentos con las capacidades de la empresa con el fin de seleccionar las industrias target. Posteriormente, habría que seleccionar las necesidades y deseos de los clientes (industriales y de consumo) con las nuestras capacidades para generar la oferta. De esta forma podría generarse la oferta en detalle e incluso desarrollar las capacidades que necesita la empresa para satisfacer la demanda potencial.

Los criterios para la segmentación responderán de forma genérica a las preguntas QUE, QUIEN, COMO, DONDE y CUANDO, además de la estimación del tamaño del mercado. Responder a esas preguntas producirá una gran generación de ideas e identificación de oportunidades como veremos posteriormente con un ejemplo.

El resultado final es que obtendremos un conjunto de MMIX para atender a los segmentos seleccionados. Los MMIX, por definición, serán distintos. Podríamos realizar la siguiente clasificación:

- Un MMIX para todo el mercado: Mercado masivo
- Un MMIX diferente para cada segmento: Diferenciación
- Un MMIX igual para varios segmentos: Mercado indiferenciado.
- Un MMIX para un solo segmento: Mercado de nicho

Es importante entender esta clasificación. Podríamos tener un solo MMIX para varios segmentos debido a los altos costes de fabricación de muchas líneas de producto, por problemas de comunicación o de otra índole, pero debemos ser conscientes de lo que hacemos y cómo podríamos mejorarlo, siempre desde la visión del cliente, huyendo de mercados masivos por simple comodidad o falta de planificación.

Ilustraremos todo esto con un ejemplo. Hemos mencionado anteriormente que normalmente las ideas se nos ocurren como un binomio offering/target y que esto es positivo ya que es el centro de la estrategia. Aunque para ser sinceros, recae en la práctica mucho más peso en la offering que en el target. Habitualmente nos dejamos arrastrar por nuestro punto de vista (criterio de la propia referencia) que queda plasmado en la offering en vez de en el punto de vista del cliente, el target.

Esto es así por muchas razones. La primera es que las ideas se nos acurren a nosotros, a mí, por lo que es natural que las desarrolle como yo quiero. La segunda es que preguntar o investigar qué quiere el target es tedioso y complicado. La tercera es que muchas veces pensamos erróneamente que nuestro producto le va a gustar a todo el mundo (mass market). La cuarta, (ésta sólo les funciona a los visionarios) es que yo sé más que mis clientes y si hago algo genial, tendré éxito. Esta última razón era esgrimida por Steve Jobs y se ve reflejada en algunos libros de márketing donde se argumenta que preguntar al mercado sobre productos nuevos no suele proporcionar información de calidad, ya que efectivamente el mercado no sabe… todavía. Steve Jobs era un genio, nosotros seguiremos preguntándole al mercado…

Un ejemplo ilustrativo es el del coche eléctrico. Este es un concepto tipo OFFERING, hay que darle mucha forma y definición antes de convertirlo en producto. Pero esas decisiones hay que tomarlas ahora, cuando todavía es OFFERING. Cuando sea producto ya no podremos hacer nada más que modificaciones tácticas.

Los coches eléctricos no tienen un gran mercado todavía. La razón aparente es que son caros y tienen poca autonomía. Gastarse 35.000€ en un coche que puede recorrer 250 km, cuando tengo sustitutos diesel por 20.000€ que recorren 1000 km no parece una buena opción. Existe no obstante un coche eléctrico que está teniendo un éxito especial. El que vale 90.000€, de la marca Tesla, y recorre 500 km. ¿Cuál será la razón de que tenga éxito el coche más caro? Tesla tiene éxito por el acierto en el diseño del binomio offering/target. El Tesla de 90.000€ es un chollo por calidad y prestaciones para el comprador (target) de clase alta que iba a comprarse un coche exclusivo de 120.000€.

Una vez diseñado el binomio offering/target y materializado en un producto, sólo podremos tomar decisiones tácticas. Estas decisiones se referirán a aspectos tales como materiales, color, tapicerías, garantías o versiones, pero ya no podremos cambiar nuestra diseño estratégico offering/target. Para ello tendremos que rediseñar, lo cual nos costará tiempo y dinero. O incluso algo más difícil, nos veremos obligados a modificar nuestro posicionamiento ya que si hemos decidido fabricar un coche que el mercado no quiere, el mercado nos reconocerá como... el fabricante de productos que nadie quiere. Y mientras tanto, perderemos dinero, imagen y cuota de mercado.

Realizar un buen diseño del binomio offering/target es fundamental, y a él nos referiremos al hablar del término VENTAJA COMPETITIVA, en el capítulo correspondiente.

11.6   EJEMPLO PRÁCTICO

La segmentación es un ejercicio que cuesta hacer. Vamos a desarrollar un ejemplo con un nivel de detalle suficiente para que sirva de guía práctica. La metodología es sencilla pero a la vez eficaz.

Imaginemos que somos una empresa de reciente creación que se dedica al turismo receptivo. Este negocio pretende dar un trato especial a grupos pequeños de turistas que llegan a una determinada localidad.

Recordemos que el objetivo de la segmentación es resolver el problema del mercado indiferenciado, es decir, evitar ofrecer nuestro producto a todos los clientes de forma indiferenciada. Esto es lo más fácil e incluso lo más barato, pero también lo que peor funciona. Dar a cada grupo de clientes (segmento) un producto diferenciado funciona mejor, aunque también encarece la producción, las actividades y la gestión. La microsegmentación o determinación del segmento individual (cada persona) sería lo idóneo, pero muchas veces es inviable. Hay que buscar el punto medio y seleccionar los targets que nos sean más convenientes.

Podríamos vernos tentados a abrir una página web dando la bienvenida a todo tipo de turistas. Pero no, las cosas no funcionan bien así.

Empezaremos entonces por lo fácil, que es analizar nuestra oferta. La ciudad en la que se basa la empresa tiene mar, así como la posibilidad de realizar excursiones de media montaña, una buena oferta gastronómica, algunos campos de golf y un rico patrimonio cultural. Estas cinco características nos pueden servir de base para estructurar nuestra oferta y realimentar la fase de diseño de la offering (la que trata de responder a 'el QUE').

Una vez que tenemos la oferta podemos seguir pensando que ¿para qué limitarnos? ¡Pongámosla a disposición de todo el mundo!

Pues no. Aunque no sea intuitivo, poner nuestra oferta a disposición de todo el mundo va en contra del concepto de segmentación. Esto sería como la diferencia que hay entre cazar y pescar. Cuando pescamos, esperamos pasivamente a ver que entra. Cuando cazamos, vamos activamente a por ello. Recordemos que las acciones de márketing exigen tiempo y dinero. Buscaremos los clientes más afines, fáciles de alcanzar, con capacidad económica u otros criterios que nos interesen.

La palabra criterio es reveladora. ¿Qué criterios debemos de considerar para definir nuestros segmentos? Este es un gran desafío y una de la claves del éxito de la estrategia que estamos generando. Recordemos que los criterios deben responder genéricamente a las preguntas QUE, QUIEN, COMO, DONDE y CUANDO.

Algunos criterios que podemos considerar para este negocio en particular podrían ser el de facilidad de acceso a la ciudad, capacidad económica y tamaño de mercado.

¿Qué clientes cumplen con estos tres conceptos? Podrían cumplir los clientes que se encuentren en ciudades cercanas y grandes. En las grandes ciudades habrá más facilidad para encontrar a clientes con capacidad económica (QUIEN).

¿Qué ciudades son esas? Esas ciudades pueden ser las que tienen vuelo directo con el aeropuerto de nuestra localidad. En nuestro caso particular esas ciudades son Londres, Frankfurt, Paris y Madrid. Adicionalmente podemos pensar en dos ciudades más pequeñas pero que se encuentran a menos de tres horas en autobús y que llamaremos C1 y C2 (DONDE).

Podemos presentar los resultados en una tabla. Vemos que la combinación de cinco offerings contra seis segmentos ya nos da treinta posibles targets para los que hay que desarrollar sus respectivos MMIX (guías, comunicación en distintos idiomas, contenido específico...) (COMO). Esto ya es una cantidad de trabajo importante. ¡Restringimos el mercado y generamos más trabajo! Pero los resultados merecerán el esfuerzo.

TARGET OFFERING	LONDRES	FRANKTFURT	PARIS	MADRID	C1	C2
GOLF CITY TOUR GASTRO MAR MONTAÑA						

Recordemos que el objetivo de la segmentación es atender mejor a un subconjunto del mercado. Ya que nuestra empresa está iniciando sus actividades y no tenemos recursos para todo, seleccionaremos los targets señalados en el cuadro. Posteriormente iremos ampliando a otros targets conforme tengamos más disponibilidad de recursos.

TARGET OFFERING	LONDRES	FRANKTFURT	PARIS	MADRID	C1	C2
GOLF CITY TOUR GASTRO MAR MONTAÑA	Target 1 Target 3			Target 2 Target 4		

Elegimos estos targets porque consideramos que presentan un equilibrio entre facilidad y rentabilidad. Comenzar con actividades en varios idiomas puede ser complicado. Hacerlo primeramente en inglés y castellano es más sencillo. A su vez, los city tours y la oferta gastronómica son las más sencillas de implementar, no requieren complicadas negociaciones con proveedores y se realizan las dos dentro de las ciudades, simplificando la logística.

Una vez concluida esta primera fase de la segmentación, procederemos a la segunda que consiste en estudiar el target seleccionado en detalle, intentando averiguar algunos puntos clave. Estos puntos clave son:

- QUE quiere el cliente (el famoso QUE, en detalle)
- Su proceso de decisión
- Los factores que le influyen en el proceso de decisión

Hacemos esto para perfilar mejor nuestra oferta y establecer un modelo de negocio que facilite la comunicación con el cliente en su proceso de toma de decisiones. Observa que esta frase recoge tres aspectos de la estrategia que se encuentran en el MSSM©. El diseño de nuestra oferta y el modelo de negocio constituyen la base de la diferenciación. La comunicación con el cliente entendiendo dónde están los puntos de influencia, es la culminación de la estrategia.

Para realizar esto de forma práctica puedes seguir el siguiente proceso. Escribe tres bloques con la siguiente información:

Primer bloque

1. Ponle un nombre a tu target que resulte significativo
2. Describe el target, quien es el cliente, cuáles son sus principales atributos
3. Identifica quién toma la decisión
4. Intenta identificar QUE quiere ese target, qué valora, qué prioriza, con todo el detalle que puedas.

Segundo bloque

1. Dibuja, de arriba abajo y en secuencia, el proceso de toma de decisiones del cliente, el comportamiento de compra.

Tercer bloque

1. Identifica factores que influyan al cliente en cada secuencia del proceso de toma de decisiones (segundo bloque).

Una vez concluido este proceso tendrás un conocimiento más profundo del comportamiento de compra de tu cliente y podrás tomar las acciones necesarias para satisfacerlo.

Realizaremos el ejemplo con el Target 1 y 3, clientes londinenses que demandan City Tours y Oferta Gastronómica.

Primer bloque.

1. Nombre: British oriented culture & gastronomic tour.
2. Descripción del Target:

Este punto de identificación del target suele ser complicado de realizar. Normalmente tendemos a simplificarlo centrándonos sólo en grupos de edades y sexos y, de forma paradójica, cubriendo todos los grupos existentes, destruyendo una vez más el propósito de la segmentación. Por ejemplo, decir que el target lo componen hombres y mujeres de edades comprendidas entre los 20 y los 80 es no decir nada. Hay que evitar esto centrándonos en la información que es realmente relevante y útil para después configurar la oferta y tomar decisiones de márketing. El propósito de este trabajo es poder tomar luego acciones específicas, tanto en el diseño de la offering como en la implementación táctica.

Vamos a intentar precisar un poco más en la descripción. Una categorización podría ser como sigue:

- parejas jóvenes (PJO)
- parejas mayores jubiladas (PJU)
- grupos de amigos jóvenes (GJO)
- grupos de amigos jubilados (GJU)
- grupos profesionales y empresas (PE)

Esta forma de categoriza nos permite profundizar un poco más en el conocimiento del cliente. De entrada hemos subsegmentado el mercado en el mercado de consumo y el profesional (QUIEN), identificando que puede haber empresas interesadas en nuestros servicios. En casi todos los casos de segmentación encontraremos un mercado de consumo y otro corporativo. También observamos la diferencia entre los clientes jóvenes y los jubilados. Además de querer cosas distintas, vendrán en distintos periodos de tiempo (CUANDO). Los jóvenes vendrán en verano y en fines de semana. Los jubilados y empresas lo podrán hacer además entre semana.

Representaremos los resultados en la tabla, pero para simplificar, lo haremos sólo con los clientes de Londres.

TARGET OFFERING	LONDRES				
CITY TOUR	PJO	PJU	GJO	GJU	PE
GASTRO	PJO	PJU	GJO	GJU	PE

3. ¿Quién toma la decisión?

La decisión de compra la tomarán de forma diferente los diferentes grupos y esto nos servirá para diseñar la estrategia de comunicación con el cliente. En el caso de profesionales y empresas, las decisiones las tomarán los responsables de marketing, compras o recursos humanos cuando planifiquen los eventos de su empresa. Habrá que analizar esto con detalle.

En lo referente a parejas o grupos hay que entender con qué criterios se hace. Por ejemplo, podría identificarse que es la mujer la que decide atendiendo a criterios de seguridad, confianza y calidad específica de la oferta.

De acuerdo con lo encontrado, se adecuaría la oferta a las necesidades o requerimientos de la persona que toma la decisión final.

4. ¿Qué quiere el cliente?

Obviamente ésta es la pregunta más difícil. La respuesta será parcial casi siempre, pero el mero hecho de intentar responderla nos aportará mucha información.

Los targets PJO y GJO pueden requerir ofertas basadas en la diversión, sitios de moda, lugares emblemáticos, visitas relacionadas incluso con eventos deportivos, con más actividad y más libertad, mientras que PJU y GJU quizá quisieran lugares más tranquilos, menos actividad, más culturales y más controladas. PE por su parte podría requerir la inclusión de alguna sesión de negocio o similar.

Con esta información, estaríamos en disposición de estructurar la oferta para cada target. En nuestro caso concreto podríamos juntar PJO con GJO y PJU con GJU ya que son lo suficientemente afines con el fin de simplificar las acciones. Nos quedarían por tanto, seis targets (dentro de LONDRES), que podríamos denominar JO, JU, PE.

TARGET OFFERING	LONDRES		
CITY TOUR	JO	JU	PE
GASTRO	JO	JU	PE

Seguiremos el análisis con el segundo bloque.

1. Dibuja, de arriba abajo y en secuencia, el proceso de toma de decisiones del cliente, el comportamiento de compra.

Este procedimiento es similar al conocido como Journey Map (búscalo en internet), el cual refleja los pasos que da un cliente para completar un proceso de compra y como interactúa con colaboradores y proveedores. Este proceso pretende identificar, simulando un caso real, las necesidades que se le presentan y las opciones para satisfacerlas.

Para realizar este ejercicio seleccionaremos un target, aunque habría que hacerlo con todos. Podemos seleccionar el target JU.

¿Cuál es el proceso que sigue un jubilado para elegir un plan de vacaciones? Podemos contrastarlo con lo que hacemos nosotros mismos (en vez de dibujarlo utilizaremos una lista).

a) Buscar información
b) Preguntar a amigos
c) Buscar proveedores
d) Preseleccionar ofertas
e) Comparar precio y prestaciones
f) Contactar con proveedor
g) Concretar detalles y precio
h) Contratar y pagar

Piensa si éste es un modelo válido. Propón ideas o variantes sobre él.

Completaremos esta información con el tercer bloque.

1. Identifica factores que influyan al cliente en cada secuencia del proceso de toma de decisiones.

El proceso de compra identificado en el paso anterior debe ser completado identificando los factores que influyen en el cliente. Estos factores estarán fuertemente ligados a los conceptos de diferenciación que identificamos en su momento, es decir, diseño de la offering, modelo de negocio, procesos que lo soportan y comunicación o percepción del cliente.

a) Buscar información:

    a. Dónde busca información. Enumerar fuentes. ¿Los jubilados buscan en internet? ¿Hay webs específicas en su país? ¿Hay canales concretos? ¿Hay integradores locales? ¿Hay revistas, publicaciones, clubes o asociaciones de jubilados?

    b. ¿Las propias compañías aéreas comunican las posibles ofertas? ¿Los aeropuertos lo hacen?

    c. ¿Hay agencias de viajes específicas para jubilados?

b) Preguntar a amigos

    a. ¿Cómo se referencian? ¿Se puede crear una base de datos de referencia y experiencias? ¿Referencia externas?

c) Buscar proveedor

    a. ¿Respondemos al QUE del cliente? ¿Nos encuentra, nos ve?

d) Preseleccionar ofertas

    a. ¿Cumplimos con requerimientos mínimos?

e) Comparar precio y prestaciones

    a. ¿Nos movemos en el rango deseado por nuestro target?

f) Contactar con proveedor

    a. ¿Es fácil contactar? ¿Requieren atención telefónica? ¿Rapidez?

g) Concretar detalles y precio

    a. ¿Es fácilmente configurable por el usuario? ¿El cliente abandona la página o no? ¿damos confianza?

h) Contratar y pagar

    a. ¿Tenemos medios de pago suficientes para que el cliente acepte? ¿Es el proceso sencillo?

Este proceso nos deben proporcionar la información que necesitamos para que al menos, sobre el papel, nuestra offering, modelo de negocio y diseño de procesos, sean percibidos positivamente por el cliente. De aquí podemos identificar los puntos de mejora en nuestra oferta, de qué carecemos o qué podemos mejorar. Este es un punto de aplicación directa para la teoría Blue Ocean (W. Chan Kim, R. Mauborgne: Blue Ocean Strategy). ¿Qué podemos crear que no exista? ¿Qué podemos mejorar? ¿Qué podemos eliminar de lo existente? ¿Qué podemos reducir?

El proceso de segmentación, frecuentemente olvidado, es el punto central de la estrategia. Permite combinar múltiples conceptos relacionados con ella y extraer importantes conclusiones de aplicación inmediata.

Al final de este proceso obtendremos la matriz a la que nos hemos referido como matriz direccional o matriz GE. Como filas tendremos nuestro conjunto de offerings por orden de prioridad. Como columnas tendremos el conjunto de segmentos elegidos, o targets. Esta matriz, una vez identificada, debe mantenerse viva. Seguiremos generando offerings como resultado de nuestro proceso de innovación, que pondremos en el mercado a su debido tiempo. Seguiremos identificando nuevos segmentos a los que ofrecer nuestras offerings.

Adicionalmente, tendremos una ficha descriptiva de cada target, que también mantendremos viva, con toda la información relevante de cada uno de los segmentos estudiados.

11.7   ¿PARA QUE VALE EL DAFO?

El DAFO o SWOT en inglés es una herramienta profusamente utilizada como base para estructurar las sesiones de tormenta de ideas o brainstorming. Estas sesiones, a su vez, pretenden identificar o evaluar el estado de una situación en relación con los cuatro componentes del DAFO, que como todo el mundo conoce, son la Debilidades, las Amenazas, las Fortalezas y las Oportunidades. De acuerdo con los resultados de la sesión el equipo que ha participado en ella dispone de datos para tomar ulteriores decisiones.

Todo esto está muy bien pero en la práctica nos encontramos con dos problemas que hacen que esta herramienta tenga muy poco valor.

El primer problema es que las sesiones de DAFO no se preparan. Normalmente se nos convoca a una reunión a la que vamos, insisto, sin preparar y en la que se nos anima a decir todo lo que se nos ocurra para generar ideas. En ocasiones incluso se invita a participantes de fuera de la industria con el fin de conseguir "polinización cruzada", es decir, ideas de otras industrias (uno de los componentes de la teoría de la innovación) para aplicarlas a la nuestra. El resultado suele ser una caraja importante llena de ocurrencias en vez de ideas genuinas.

Para elaborar un DAFO hay que realizar primero un análisis situacional completo. Los datos que resultan del análisis son los datos de entrada del DAFO. Cuando se realiza un DAFO no hay que inventarse nada esa buena mañana sino que hay que ir con los datos bien preparados, incluso como ya sabemos, convertidos en información (los datos estarán recogidos en la plantilla proporcionada en el capítulo nueve).

Para convertir los datos en información hay que tener conocimiento industrial del sector que estamos analizando, obviamente. Por eso los participantes en un ejercicio DAFO tiene que ser expertos conocedores de la industria, con años de experiencia. Evidentemente puede abrirse la participación a personas ajenas a la industria o con menor experiencia con el fin de aportar otros puntos de vista y cierta frescura a la sesión, pero las bases tienen que ser sólidas.

El segundo problema es que el DAFO suele quedar inconcluso. Cuando consideramos que ya hemos rellenado los cuatro cuadrantes identificando sus componentes, el equipo se siente satisfecho y finaliza el ejercicio.

Pero no. El DAFO es un ejercicio para consolidar los datos provenientes del análisis situacional y prepararlos para la siguiente fase, la de generar una estrategia sólida. Para ello hay que extraer información del DAFO.

La metodología nos indica que el DAFO tiene dos cuadrantes pertenecientes al mundo exterior, las amenazas y las oportunidades, que son comunes para todas las empresas que compiten en ese mercado. De estos dos cuadrantes se extraen los llamados Factores Críticos de Éxito o dicho de otra forma, lo que requiere el mercado. Con el fin de simplificar, llamaremos a esto el QUE, lo que quiere el mercado (el QUE ya identificado en la segmentación).

Los otros dos cuadrantes, las fortalezas y las debilidades se refieren únicamente a nuestra empresa. De aquí hay que extraer lo que se conoce como Capacidades Distintivas de la empresa, o dicho de otra forma, cómo satisfacemos el QUE del mercado. Para simplificar, llamaremos a esto el COMO (el COMO ya identificado en el diseño de la offering).

Ya podemos vislumbrar que el QUE tiene mucha información proveniente del ejercicio de segmentación y targeting, uno de los ejercicios más importantes del análisis, mientras que el COMO tiene mucha información proveniente del proceso de innovación, diferenciación, capacidad de diseño de la offering, procesos de la empresa y modelos de negocio.

Pero todo esto no acaba aquí. Como ya vimos, nuestra offering y la necesidad del cliente son conceptos muy ligados que no existen por separado. El QUE y el COMO tienen que coincidir. Si lo hacen, nuestro binomio OFFERING/TARGET dispondrá, al menos sobre el papel, de ventaja competitiva y seguiremos trabajando para aumentarla. En caso contrario, hay que trabajar para aumentar nuestras fortalezas y detectar nuevas oportunidades.

Si todo esto se hace así, el DAFO será una importante herramienta de productividad. En su defecto, valdrá para poco.

Para asegurar que realmente estamos utilizando el DAFO como herramienta de consolidación de datos de manera procesual, realizaremos una auditoría de la ventaja competitiva de nuestra offering. El proceso se detalla en el siguiente capítulo.

DAFO y ventaja competitiva

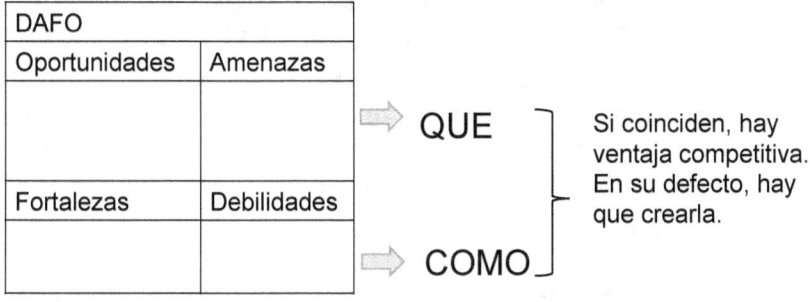

DAFO	
Oportunidades	Amenazas
Fortalezas	Debilidades

QUE

COMO

Si coinciden, hay ventaja competitiva. En su defecto, hay que crearla.

11.8   VENTAJA COMPETITIVA

Después de toda esta fase de análisis debemos ser capaces de extraer del DAFO el QUE y el COMO tal como hemos desarrollado anteriormente. Parece fácil pero la experiencia me dice que cuando pregunto qué cinco factores son los más importantes para tu cliente, las respuestas no salen con tanta facilidad y muchas veces son demasiado generales u obvias. Si no tenemos esto claro, ¿Cómo vamos a crear una oferta exitosa?

Los procesos que hemos visto anteriormente deben permitirnos entender esos QUE con suficiente detalle ya que incorporan los deseos, necesidades y requerimientos de nuestro cliente y de su mercado asociado, incluyendo conceptos relacionados con la percepción, como puede ser una marca comercial.

Los QUE deben ser satisfechos por nuestros COMO, la oferta de la empresa especialmente diseñada para ese target. Aquí se recogen las capacidades y potencialidades de nuestra empresa para crear la offering.

Si los QUE y los COMO coinciden podemos decir que tenemos ventaja competitiva para esta OFFERING/TARGET. Vamos a proponer una metodología para auditar nuestra ventaja competitiva y de esta forma saber si la tenemos o carecemos de ella. Así, este concepto dejará de ser abstracto para convertirse en tangible y tú como estratega, podrás exprimirlo al máximo.

Es interesante observar que este ejercicio lo haremos por OFFERING/TARGET ya que analizar la ventaja competitiva de, por ejemplo, una empresa entera, es algo demasiado difuso. No obstante se podría aplicar también al nivel corporativo y en ocasiones será necesario hacerlo.

Para definir la ventaja competitiva utilizaremos tres conceptos. El primero es cumplir los requerimientos del mercado. El segundo es hacerlo con la suficiente diferenciación. El tercero evalúa si esta diferenciación es sostenible en el tiempo. Son conceptos sintéticos pero incorporan mucha información. El primer concepto resume la información del proceso de segmentación del cliente y del diseño de la offering. El segundo resume la información de la offering y de los competidores ya que la diferenciación lo es frente a ellos. El tercero recoge nuestra capacidad de innovación ya que sólo podremos mantener nuestra diferenciación si somos innovadores. Empresa, offering y targets, competidores e innovación. Tenemos todos los componentes de la estrategia resumidos en una tabla.

Para representarlo de forma visual nos apoyaremos en una herramienta conocida como Quality Function Deployment o matriz QFD, desarrollada por Yoji Akao y empleada en empresas como Toyota y Mitsubishi. Esta matriz también llamada la Casa de la Calidad por su aspecto visual y propósito se ha utilizado profusamente en procesos de fabricación para asegurar que los requerimientos de una fase de la producción son satisfechos por la anterior y de esta forma evitar errores en lo posible. Puedes ver múltiples ejemplos de esta matriz en internet.

Aquí usaremos una adaptación simplificada de ella. Crearemos una tabla en la que las filas serán los requerimientos de los clientes y el mercado, los QUE, en orden de prioridad y las columnas los COMO, o nuestra forma de satisfacerlos. Dentro de cada casilla escribiremos los tres conceptos definidos anteriormente como constituyentes de la ventaja competitiva. Pondremos una S si la respuesta es sí, o una N en su defecto. En la segunda pregunta, si no tenemos suficiente diferenciación, pondremos el nombre de nuestro competidor. De esta forma, de un golpe de vista podemos ver una cantidad reveladora de información de forma muy sintética.

Esta herramienta no produce un resultado de tipo si/no, sino que nos permite evaluar, individualmente o en grupo de trabajo, nuestro nivel de ventaja competitiva así como identificar las áreas de mejora. La ventaja competitiva es el producto de nuestra estrategia y mediante este procedimiento establecemos un punto de control para reconocerla. De acuerdo con el resultado seguiremos adelante con el proceso o retrocederemos para rediseñarlo.

Veamos todo esto con un ejemplo práctico. Continuaremos con el caso visto en la segmentación y en particular con el target JU.

La primera pregunta es, como ya sabemos, qué quiere nuestro target. Vamos a elegir sólo seis factores, aunque tú tienes que poner todos los que sean relevantes para ti, ordenados por prioridad.

1. Página web simple y fácil & acceso telefónico en inglés: ACCESO
2. Confianza y facilidad de pago & posibilidad anulaciones: PAGO
3. Transportes aeropuerto: AEROPUERTO
4. Oferta cultural de calidad, museo, evento, tour: CULTURA
5. Oferta gastronómica todo incluido: GASTRO
6. Hotel de lujo: LUJO

El segundo paso es comprobar si satisfacemos esos factores. Para ello, construyamos la tabla (matriz QFD).

Auditoría de la Ventaja Competitiva

Identifica la Ventaja Competitiva. Si no eres capaz de hacerlo, no la tienes. Si tienes dificultades para realizar este ejercicio, necesitas adquirir más conocimiento de tu industria.

Hazlo por offering/target o unidad de análisis.

QUE quiere mi cliente	Prioridad	COMO lo satisfacemos (componentes de nuestra offering)				
		Diseño Tecnología Soporte	Taxi	Acuerdos oferta local	Oferta local	4*
Acceso	1	SSS				
Pago	2	SSS				
Aeropuerto	3		S Todos N			
Cultura	4			S Todos N		
Gastro	5				S Todos N	
Lujo	6					S Todos N

De un vistazo podemos apreciar que no disponemos de ventaja competitiva clara. Dicho de otra forma, nuestros competidores pueden ofrecer básicamente lo mismo que ofrecemos nosotros ya que el producto básico, la oferta cultural, gastronómica y el alojamiento están a disposición de todos los competidores.

Sólo podremos crear diferenciación con los servicios alrededor del producto base, es decir, los servicios asociados, los procesos y el modelo de negocio (volveremos después a este concepto en la Táctica). En nuestro caso tenemos un servicio de acceso diseñado de forma diferenciadora que permite navegar con facilidad, configurar una oferta adecuada a los deseos del cliente, contar con soporte telefónico, pagar de forma sencilla y retractarse si fuera el caso. Si esto no lo proporciona la competencia debido a que exige un esfuerzo en el diseño, tendremos ventaja ahí, pero no obstante, no parece suficiente.

En este caso, habrá que seguir trabajando para crear una oferta diferenciada a través de servicios adicionales a los servicios base. Iniciar un negocio con un diagnóstico negativo de la ventaja competitiva es un error que podemos evitar. Observa que cuando nos planteamos este análisis, la simple identificación de los QUE es ya un problema. He podido comprobar en muchas ocasione como el consejo de dirección de una empresa duda o se para a pensar cuando se le pregunta qué quieren o valoran los clientes. Esta es una pregunta que nos tenemos que hacer de continuo y tenerla respondida, aunque esta respuesta sea cambiante con el tiempo.

Al completar el cuadro, lo normal es que nos salga una diagonal de información. No es necesario rellenar todas las casillas sino sólo ahí dónde proceda. La diagonal estará completa, junto con alguna otra casilla.

En ocasiones puede ser que obtengamos una ventaja competitiva clara en todas las casillas menos en una pero que ésta sea especialmente fuerte de forma que nos neutralice toda la offering. Es lo que se llama un factor limitador, un factor que el sólo imposibilita el proyecto. Esto se ve claramente en el caso de Audi frente a Citroën. Un Citroën C6 puede ser mejor que un Audi A6, pero la marca, generalista frente a lujo, es ahí un factor limitador que neutraliza el resto de ventajas del modelo en cuestión.

Recuerda que cuando se generó el concepto de Ventaja Competitiva, se identificaba como algo que había que tener para despuntar en el mercado, ser líder o mejor. Hoy en día, se considera algo que hay que tener simplemente para estar en el mercado, para poder sobrevivir. De aquí la importancia de establecer un proceso que nos permita monitorizarla.

11.9   POSICIONAMIENTO

Dedicaremos al posicionamiento un capítulo propio debido a la importancia que tiene. Normalmente los conceptos de segmentación, targetting y posicionamiento van juntos en la descripción de la estrategia de márketing. Así lo hemos considerado en el capítulo anterior aunque desarrollaremos aquí algunos conceptos adicionales.

Como hemos introducido anteriormente, el posicionamiento es el punto dónde nos encontramos en el mapa mental, perceptual del cliente. Es muy importante en márketing distinguir lo que es real y lo que es perceptual para el cliente. ¿Qué es más importante, lo real o lo perceptual? Lo perceptual, sin duda, aunque te siente mal y no lo creas. Admitir esto no siempre es fácil.

La historia está llena de ejemplos de productos muy buenos que fracasaron frente a otros peores como fue el caso de la industria de los formatos de videocasete. También se ha dado el caso de estándares excelentes que fueron sustituidos por otros mediocres como se ha visto tantas veces en la industria informática, incluso de industrias enteras que se han creado alrededor de productos que fallan como es el caso de la obsolescencia programada. También hay muchos productos que no hacen nada, rozan el fraude, pero se venden bien.

Algunas industrias nacientes como es la del software libre te exige dedicar una parte de tu esfuerzo en adecuarlo y mantenerlo lo que va contra tu propio coste de oportunidad (y por lo tanto de tu rentabilidad). Aun así, el mercado los acepta, por lo que es de suponer que hay razones para ello aunque no estén exclusivamente basadas en la eficiencia y el rendimiento.

Se trata por lo tanto de entender estas razones o de hacer visibles las nuestras. Trabajaremos estos dos puntos bien para adecuar nuestro producto a las necesidades y deseos del cliente o bien para adecuar a nuestro cliente a nuestras necesidades y deseos, respectivamente. Lo primero se hace mediante el diseño de la offering. Lo segundo se hace mediante el plan de comunicación. Por eso, el plan de comunicación es de importancia estratégica para la empresa y muchas veces se denomina plan de comunicación estratégico.

El plan de comunicación es tan importante que tiene un SOSTAC® propio cuya táctica es el plan de medios. Si el cliente no nos ve con los ojos en su mapa mental de posicionamiento, nuestra estrategia no existe o no funciona. Así de simple. Si no existimos para el cliente (o para el canal), no existimos. Tenemos un error estratégico que hay que corregir con el diseño de la offering aunque en ocasiones puede ser corregido sólo con el plan de comunicación, si es que nuestro producto o servicio está realmente bien diseñado.

Un caso como éste le ocurrió a la conocida empresa Guinness. Los consumidores jóvenes no bebían cerveza negra (no la veían) y el mercado se fue por lo tanto reduciéndose de forma paulatina con los años. Tuvieron que diseñar un plan de comunicaciones estratégico para posicionar otra vez la marca en la mente de los consumidores. Este es un ejemplo en el que se ve el poder de la comunicación y la percepción frente al producto.

Lo mismo puede decirse de algunos fabricantes de coches generalistas cuyo modelo alto de gama no consigue competir con las berlinas establecidas en ese punto del mapa de posicionamiento. Volviendo a un ejemplo que ya pusimos, un Citroen C6 no puede competir contra un Audi A6. No entraré a valorar qué coche es mejor, pero no pueden competir ya que el mercado, independientemente de lo bueno que sea el coche, no posiciona de igual manera a un fabricante que tiene coches pequeños y baratos frente a otro que sólo tiene grandes y caros (bueno, alguno pequeño también, pero caro). Así lo han entendido Toyota creando su marca de coches caros, Lexus, y Nissan con Infinity. Percepción pura y dura.

Un mapa de posicionamiento se representa normalmente sobre dos variables con el fin de simplificar. Lo más fácil suele ser calidad frente a precio, aunque se puede representar cualquier dimensión. A continuación se puede ver como la empresa Marketing for Pymes (M4P) posiciona su oferta en el mercado.

M4P Decisión de posicionamiento

Oferta de servicios

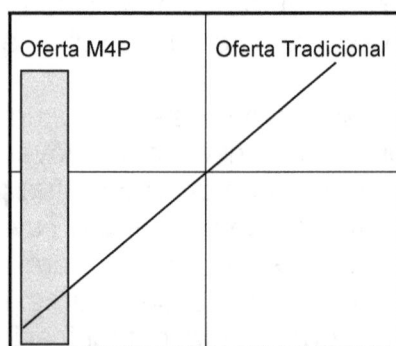

Inteligencia Competitiva
Auditoría estratégica
Plan de Márketing
Integración de medios
Mail
Publicidad
Web

Presupuesto disponible para la planificación de Marketing

Posicionamiento M4P

En el cuadro puede verse como la oferta tradicional de servicios de marketing aumenta al aumentar la capacidad presupuestaria del cliente, dejando un mercado desatendido correspondiente a las pequeñas empresas. La empresa Marketing for Pymes (marketing4pymes.com) se posiciona para atender a este mercado proporcionando servicios que cubran la mayor parte de las necesidades para clientes con menor capacidad económica. El objetivo es visualizar qué lugar ocupamos frente a los competidores y qué ofrecemos para diferenciarnos de ellos. Ocuparemos por tanto esa posición en el mercado, pero hemos de asegurar que los clientes nos vean en la mencionada posición.

Es interesante lo que hizo Intel para que los clientes le vieran con los ojos, cosa difícil para un microprocesador encerrado en una carcasa dentro de un ordenador. A la pregunta ¿qué hace un microprocesador? pocos estarían en disposición de responder. Si preguntara ¿Cuántos tipos o fabricantes, o modelos, o velocidades de procesador hay?, poca gente respondería. Pero si vas a comprar un ordenador y no tiene la pegatina de "Intel inside" quizá no lo compres. ¿Por qué? Ni tú lo sabes (disculpa por ser tan directo), pero la percepción funciona así. Intel sí lo sabía.

Por eso la comunicación es estratégica. Pero además, hay que vender el sentido mismo de la estrategia. El diseño de nuestra offering tiene que tener contenido estratégico. Esto nos permitirá posicionarnos altos en el mapa de percepción mental del cliente. Pero ¿qué es vender estrategia?

Vendemos estrategia cuando nuestra offering se adecua y se imbrica en la cadena de valor de nuestro cliente, cuando realmente sus necesidades de más alto valor se ven satisfechas por nuestra offering de forma diferenciada. Por ello es importante identificar las áreas de alto valor del cliente. ¿Qué es lo que el cliente realmente necesita o quiere? Cuanto más alto seamos capaces de ascender en la cadena de valor del cliente mejor podremos diseñar la offering, más altos serán los precios y los márgenes y de más calidad será el nivel de interlocución que tengamos con nuestro cliente. Volviendo a un caso que ya vimos, Seiko vende relojería, mientras que Rolex vende joyería. Se han posicionado en sitios muy distintos dentro del abanico de opciones del mercado. Este es el contenido estratégico que da lugar al posicionamiento.

Evidentemente esto es fácil decirlo, lo difícil es hacerlo. Pero para hacerlo hay que tenerlo previamente identificado. Cuando establezcas tus objetivos haz un esfuerzo para que éstos sean lo más estratégicos posible.

Realiza un análisis gap de tu empresa (como vimos en el capítulo 8). Esto se hace evaluando dónde estás y estableciendo dónde quieres llegar. Establece objetivos para llegar allí. Evalúa tus objetivos y sepáralos en estratégicos y tácticos. ¿Cuál es el resultado? Esto te servirá para definir un poco mejor el diseño de tu estrategia. Si por ejemplo tienes un bar y das comidas, mejorar los ingredientes del menú del día es un objetivo táctico, pero lanzar un nuevo servicio de catering a domicilio es uno estratégico.

Ahora estás en disposición de discernir de forma un poco más metódica qué objetivos son estratégicos y cuáles tácticos, que acciones son estratégicas y cuáles tácticas, en resumen, qué es estrategia y qué es táctica.

Algunas acciones estratégicas podrían ser:

- Balanceo del portafolio de productos
- Adecuar recursos con necesidades de la empresa
- Evaluación de la ventaja competitiva
- Identificar necesidades de clientes
- Neutralizar fortalezas de los competidores
- Implementar proceso de innovación
- Ascender en la cadena de valor del cliente
- Diseñar contenido de comunicación
- Reposicionar la empresa o la offering

Algunas acciones tácticas podrían ser

- Creación de página web autónoma
- Campaña de publicidad específica
- Ajuste de precios promocional
- Reestructuración de línea de productos
- Incentivar fuerza de ventas
- Negociación de precios con el canal
- Mejora técnica de producto
- Mejora de imagen de producto

Cada componente de la táctica, de las 7 P tiene un aspecto estratégico que debe definirse en la fase estratégica. El diseño del producto dentro de la offering es estratégico aunque luego, sus detalles sean tácticos. La decisión de precios es estratégica cuando contribuye a posicionar al producto, a la marca o a la empresa, aunque sus variaciones posteriores sean tácticas. Lógicamente, una vez tomada una decisión sobre la creación y posicionamiento de un producto será muy difícil modificarlo, por lo que esta decisión es estratégica.

Si por ejemplo decidimos crear un producto caro y posicionarlo como tal no podremos luego cambiarle el precio, ni a la inversa, si no es bajo una planificación muy detallada y complicada de reposicionamiento que quizá no permita volver atrás. Si creas una marca de relojes o coches caros y por alguna razón te ves obligado a bajar el precio, pierdes el posicionamiento de producto premium y será casi imposible recuperarlo.

Una negociación con los canales puede ser estratégica si nos proporciona ciertas ventajas de exclusividad, entrada a nuevos mercados o acceso a ciertos clientes. Será táctica si se refiere a cambios temporales o sin valor añadido. La comunicación será estratégica cuando es parte del diseño de la offering pero será táctica si únicamente responde a la generación de campañas discrecionales.

El posicionamiento de una empresa en el mercado tiene pues, dos consideraciones. Una, es definir dónde queremos estar, dónde queremos que nos sitúe en el mercado nuestro diseño de la estrategia, lo cual debe de estar recogido dentro de los objetivos de la empresa. La segunda consideración es asegurarnos de que el posicionamiento deseado sea realmente visto por el cliente y de eso se ocupará la comunicación estratégica.

11.10 COMUNICACION ESTRATEGICA

La comunicación es un concepto tan importante dentro del márketing que en demasiadas ocasiones se identifica biunívocamente (aunque incorrectamente) con él.

Normalmente, las empresas dedican mucho tiempo elaborando el plan de comunicación, el plan de medios o las negociaciones con las empresas que lo implementarán.

También aquí podríamos diferenciar qué tipo de actividades pertenecen a la táctica de la comunicación y cuáles a la estratégica. El plan de comunicación es tan importante que tiene su propio plan SOSTAC®, paralelo al plan empresarial e incluido en éste. Dentro del plan de comunicación, la táctica, que antes eran las 7 P la compone ahora el plan de medios, es decir, en que medios realizaremos las acciones de comunicación, con su detalle asociado.

¿Dónde queda entonces la estrategia de comunicación? La estrategia de comunicación consiste en identificar de forma certera los elementos de la diferenciación que vamos a comunicar a nuestro target y asegurarnos de que efectivamente, el target nos ve.

Si el cliente no nos ve, o no ve lo que queremos que vea de nosotros (nuestro posicionamiento), simplemente hemos fracasado. Podemos tener el resto de la estrategia bien desarrollada, pero el cliente no la ve y por lo tanto no nos compra. La estrategia se rompe por el punto más débil y fracasa.

Es por ello que antes de desarrollar nuestras campañas de comunicación (táctica) diseñemos una sólida estrategia. El escritor Simon Sinek explica y desarrolla el concepto de 'por qué', además del 'qué' y del 'cómo', para transmitir nuestra diferenciación al cliente.

http://www.ted.com/talks/simon sinek how great leaders inspi re action?language=es

Este ejercicio de pensar qué queremos comunicar es muy útil y produce retroalimentación. No siempre es fácil generar propuestas diferenciadoras. En realidad es muy difícil. Piensa de forma constante qué quiere tu cliente, cómo podrías mejorar lo que actualmente tienes. Comunícale al cliente eso que quiere oír, aunque no lo tengas de forma genuina (el por qué) en vez de los requerimientos del diseño (el qué) o de nuestros medio para hacerlo (el cómo).

Hablamos de lo mismo, pero lo comunicamos de forma distinta. Cuando realices este proceso surgirán ideas que debes aprovechar para incorporarlas de forma real a tu producto o servicio, incrementando su diferenciación. El ejercicio de comunicar tu oferta al cliente te permite visualizar lo que el cliente desearía y de esta forma perfeccionar tu oferta.

Tengo muchos ejemplos que ilustran este hecho. Ya hemos mencionado el caso de Intel. Intel se ha preocupado mucho de que le veas. De que le veas con los ojos, literalmente. Así ya no depende de los intermediarios ya que el propio cliente final lo ve y lo pide. Ha tenido que crear esa estrategia magistral ya que el procesador, por sí mismo, es imposible de ver por el usuario final normal. Hay otros fabricantes, pero no los ves. Tendrán una buena estrategia, pero no la ves. Lo mismo consigue Microsoft con su Xbox. Ya desde la infancia los niños conocen la empresa y la asocian a algo divertido. Luego, de forma incremental, esta visión llega hasta el entorno profesional y de empresa.

Tienes que comunicar al cliente tu estrategia, tu por qué, tu entusiasmo, tu razón de hacer las cosas. Comunicar la estrategia aumenta el nivel de conversación e interlocución con tu cliente. El cliente pensará más en ti, te preguntará con antelación, la relación será más consultiva (estratégica) que operativa (táctica) y menos dependiente del precio. Recuerda que el precio se establece sobre la base de la diferenciación y que ésta debe ser vista y entendida por tu cliente.

Un poco de emoción será siempre bien recibida, ya que, atención a esto, la emoción es la moneda de la vida. De hecho, podría decirse que el componente emocional es el predominante en la toma de decisiones. Por absurdo que parezca muchas decisiones son poco racionales y muy emocionales (a veces incluso dependientes de la situación hormonal de cada uno). Comprar un todoterreno de alta gama que nunca va a meterse en el barro es una compra emocional. Comprar un móvil de 600 euros también. Observa este hecho y trata de acomodarlo a tu estrategia. Muchas veces tratamos de imponer la razón en nuestras argumentaciones cuando realmente no tiene absolutamente ningún sentido porque la decisión no va a ser racional sino emocional. Debes tratar de entender los requerimientos emocionales de tu cliente. En esto se basa la comunicación estratégica. Por bueno que sea tu producto, si esto te falla, te fallará toda la cadena, todo el proceso estratégico. Y no importa nada si tienes razón o no la tienes. Solemos dar demasiada importancia al valor de nuestras propuestas pero el valor, obviamente, ya se supone que está incluido. En cambio, no damos importancia al contacto emocional con nuestros clientes. Sin este contacto emocional estamos perdidos y no todo el mundo es consciente de la importancia de este punto. Toda la empresa debe trasmitir y comunicar emoción.

Volvamos el caso de Citroën. Citroën ha tenido que reformular su comunicación estratégica (no su táctica, ni sus productos) y crear una marca de automóviles de lujo, DS, para posicionarse en ese mercado y que sus clientes le vean con los ojos. Los productos, excepto en el diseño, no serán muy distintos. La táctica de comunicación tampoco. Pero el concepto profundo de comunicación estratégica, de la emoción, ha tenido que modificarse. Acciones cómo ésta ya fueron tomadas en el pasado por otros fabricantes, como los mencionados casos de Toyota creando Lexus o Nissan creando Infinity.

Hace poco tiempo en un seminario de marketing, uno de los alumnos me preguntó acerca de una empresa utilizando la expresión "dónde está esa empresa, que ya no se la ve". Me vino muy bien para introducir el tema en cuestión. Lo curioso del caso es que la empresa a la que se refería no era vista por el alumno debido a una decisión estratégica de la empresa de retirarse de determinado segmento del mercado de consumo. Por supuesto, la empresa sí era vista por su correspondientes targets. Esto refleja una correcta definición e implementación de la estrategia de márketing.

Resumiendo, nuestro target tiene que ver el resultado de nuestra estrategia. Si ésta es correcta, hay que desarrollar el plan de medios más eficaz para nuestros propósitos, es decir, la táctica de comunicación. Pero una táctica correcta no será eficaz sobre un diseño incorrecto de estrategia de comunicación, como demuestra el caso de Citroën. Por muy bueno que sea el producto o el plan de medios el cliente no nos verá y no nos comprará.

Y recuerda, detecta el QUE del cliente y construye tu COMO. Pero cuando se lo cuentes a tus clientes, cuenta el POR QUE. A las personas nos molesta que nos digan lo que necesitamos, que nos expliquen lo que nos pasa, que nos den lecciones. Preferimos escuchar las razones por las cuales una empresa crea productos y servicios de forma diferenciadora y nos permite disfrutar de ellos.

Como dijo el gran filósofo Nietzsche, el que tiene un "por qué" para vivir, encuentra su "cómo". El que descubre el "por qué" que motiva a sus clientes encontrará el "cómo" llegar a ellos (esto lo digo yo, con el permiso de Nietzsche).

He visto a lo largo de los años cómo muchas empresas aún con buenos productos, ignoraban lo que el mercado pensaba de ellas. No les interesaba saber cómo les veían sus clientes. La forma en la que te ve el cliente es el resultado final de tu estrategia y es algo que hay que monitorizar siempre, además de una importantísima fuente de ideas.

11.11 RECAPITULACION

La estrategia es un proceso que culmina con la creación de ventaja competitiva para la empresa. La próxima vez que alguien te pregunte cuál es la estrategia o la ventaja competitiva de tu empresa, tú, como estratega, le responderás diciendo que necesitarás al menos una hora para responderle ya que hay varios aspectos relevantes que es necesario explicar con detalle.

La estrategia tiene seis aspectos que se deben abordar de forma simultánea. El primero es el proceso de innovación el cual debe de estar implementado y ser reconocible en la empresa. Este proceso es el que permite generar ideas, cuantas más y más variadas mejor, y debe a su vez estar basado en la formación, el conocimiento y el análisis. La innovación es la que generará ideas para alimentar la diferenciación.

La diferenciación es el segundo aspecto y es el componente central de la ventaja competitiva. La diferenciación va ya unida desde el comienzo al tercer aspecto, que es el de offering.

Cuando pensamos en diferenciarnos pensamos en un producto o servicio y en un contexto de clientes y competidores aunque la diferenciación pueda a su vez ser aplicada a cualquier elemento de la empresa o a las dimensiones del producto (producto aumentado) como es el servicio post-venta, los plazos de entrega o cualquier otro atributo incluyendo el modelo de negocio. La diferenciación puede seguir desarrollándose luego durante la implementación de cualquiera de las 7 P.

El cuarto aspecto es el target, que se obtiene mediante el proceso de segmentación. Esto nos permite afinar más en el diseño de los componentes diferenciadores adecuándolos a las necesidades de los clientes y haciendo que nos esforcemos en entender mejor esas necesidades (binomio offering/target).

El quinto aspecto es el de posicionamiento que es la culminación de todo el proceso y el lugar dónde se sitúa nuestra offering a los ojos del cliente. Si el cliente no nos ve, algo ha ido mal o no ha funcionado.

Para asegurar este punto está el sexto aspecto, la comunicación estratégica, que hace que los clientes target nos vean (nos perciban) en su mapa mental de posicionamiento. Lo que hace Toyota con su nuevo Prius es comunicación estratégica. Ha subido en el mapa de posicionamiento con un coche mejor, más caro... y de diseño raro (diciendo raro evito el problema de poner otro adjetivo). ¿Por qué hace Toyota un coche de diseño tan arriesgado y audaz? Para diferenciarse, para evitar que los clientes del nuevo Prius lo comparen con un Audi o similar. El comprador de un nuevo Prius va a comparar poco. El producto es tan diferente que admite pocas comparaciones creando liderazgo y fidelidad en el mercado.

Si todo esto se ha hecho bien nuestra empresa tendrá ventaja competitiva, es decir, tendrá diversos tipos de clientes (segmentos, targets) cuyas necesidades (el QUE) estarán identificadas y satisfechas de forma diferenciada por nuestras offerings, (el COMO) y cuya diferenciación será lo suficientemente buena frente a los competidores y percibida como tal (el POR QUE) como para permanecer en el mercado de forma sostenible al menos en el medio plazo.

11.12 PRECIO Y DIFERENCIACION

No me suele gustar hablar de precio. Muchas veces nos vemos tentados a decir que nuestro producto tendrá un precio ajustado para que se venda bien. Pero el precio se puede calcular de una forma precisa. Existe un precio que matemáticamente es el óptimo para que el margen multiplicado por la rotación nos dé el beneficio máximo. Este precio se puede definir muy fácilmente, sólo depende de dos variables. El precio óptimo es el precio máximo que alguien pagaría por nuestro producto más los costes variables, todo dividido por dos. Sería el precio llamado técnicamente de elasticidad igual a uno, si los costes variables fueran cero. Este precio, además, es independiente de la pendiente de la recta de demanda (la rotación no lo será). Los cálculos y algunos ejemplos los desarrollo en mi libro "Economía para salir de casa", también a la venta en Amazón.

Es decir, que el precio óptimo de nuestro producto está directamente relacionado con nuestra vieja y estratégica amiga, la DIFERENCIACION. El máximo precio que alguien estaría dispuesto a pagar por nuestro producto depende de la diferenciación que tengamos y en qué grado la aprecie nuestro cliente. Obviamente, si no tenemos diferenciación, el precio será el de nuestros competidores. Competir por precio es algo siempre a evitar y síntoma de deriva estratégica.

Por lo tanto, desarrollemos diferenciación y calculemos el precio óptimo que hay que asignarle. Esto además nos dará nuevas ideas sobre el razonamiento de los clientes para valorar nuestros productos. Al contrario de lo que solemos pensar intuitivamente, a los consumidores nos gustan las cosas caras, de gran valor (no los productos sin valor con precio alto). Fíjate en las marcas que tienen más éxito y en sus altos precios. Normalmente corresponden a empresas que van muy bien. En francés, al igual que en italiano, caro significa querido. Queremos lo caro, lo diferente, lo especial, lo que tiene valor.

El objetivo de una sociedad avanzada es producir bienes caros, con valor. Energía cara porque no contamina, medicina cara de mucha calidad, productos caros y buenos, incluso impuestos altos, para que los servicios del gobierno sean buenos, buena educación, buena sanidad, buenas pensiones. La moda actual de abaratarlo todo disminuyendo la calidad es, a mi modo de ver, un error (por favor, no quiten al copiloto para abaratar los billetes de avión).

Crear productos y servicios caros equivale a decir que la sociedad que los produce trabaja mucho y bien, aportando mucho valor.

En ocasiones el valor se puede poner en correspondencia explícita con el precio. Pongamos un ejemplo. Mi empresa desarrolla un producto que produce ahorros a los clientes que lo usan. El ahorro es de X€ al año. El precio máximo que un cliente estaría dispuesto a pagar sería por lo tanto X€ al año (es así como se valoran por ejemplo los fondos de renta fija en el mercado secundario, ¡valen lo que cuestan!). A partir de ahí conforme baja el precio se empieza a producir un ahorro neto para el cliente. A mayor ahorro, más clientes se animarán a comprar mi producto.

Pensemos que mi producto cuesta Y€ anuales producirlo y mantenerlo, de forma anualizada. Entonces el precio de venta óptimo, como dijimos antes, es la mitad de X+Y. Posiblemente ya estarás pensando si debes considerar tal o cual coste como fijo o variable, pero esto ya son distintas formas de ver lo mismo.

Reducir los costes variables es un objetivo claro ya que al hacerlo ganamos por partida doble. Por una parte nos acercamos al punto de elasticidad igual a uno, lo que nos permite vender más cantidad. Por la otra, aumenta la contribución, es decir, la diferencia entre el precio de venta y los costes variables. Vendemos más y con más margen.

Por lo tanto, disminuir los costes de aprovisionamiento es algo que hay que hacer siempre, y se hace, excepto que queramos deliberadamente aumentarlos para producir algo de más valor que nos dé lugar a otra recta de demanda distinta y que nos posicione en otro mercado. No obstante, disminuir los costes tiene un recorrido limitado. Si lo hacemos bien lo alcanzaremos pronto.

Tendremos consecuentemente que trabajar en la otra variable, la diferenciación. Esta variable en cambio, no tiene límite, está abierta a nuestra imaginación (soportada por metodologías sólidas y conocimientos industriales, obviamente) y es la base de nuestra estrategia. Una estrategia sólida permitirá unos precios altos. Fíjate a tu alrededor en las empresas que venden sus productos a precios altos, cómo suelen ser además las que cuentan con clientes más fieles.

Una vez que hayas determinado tu precio de referencia mediante el cálculo expuesto, puedes dedicarte a realizar variaciones tácticas con el fin de conseguir determinados objetivos. La bibliografía más extendida nos dice que el proceso para establecer un precio es el siguiente:

1. Identificación de la recta de demanda
2. Determinación de la estrategia de precios
3. Identificación de costes y volúmenes
4. Identificación de los precios y costes de los competidores
5. Adopción de un método de referencia
6. Definición del precio y ajuste coyuntural

Hemos evitado calcular la recta de demanda utilizando el concepto del precio máximo. No obstante, calcularla es siempre útil para obtener volúmenes y por lo tanto beneficios teóricos.

La estrategia de precios se refiere a si queremos aumentar volúmenes a costa de bajar precios o a la inversa (penetración, crecimiento, recogida de beneficios, precio de transferencia) y depende del tipo del mercado en el que nos encontremos, ciclo de vida del producto y otros conceptos de esta índole.

La identificación de costes y volúmenes es necesaria para comprobar si nos movemos dentro de las capacidades productivas de la empresa y cómo nos situamos en cuanto a beneficios al calcular el precio óptimo teórico.

Los precios y costes de los competidores nos aportarán valiosa información para ayudar a entender dónde nos situamos en el mapa de posicionamiento.

El método de referencia se refiere a la utilización de las referencias más comunes como pueden ser el margen sobre ventas o sobre costes.

Es interesante observar que establecer un método de referencia sin calcular primero un precio de referencia basado en el punto de máximo beneficio es un error. Decidir por ejemplo, que vas a aplicar un 100% de margen al precio de coste sin saber cómo te sitúa esa decisión en cuanto a beneficio esperado teórico, no tiene sentido. Hay que hacerlo al revés, calcular primero el punto óptimo y después verificar el margen correspondiente. También es un error incluir los gastos fijos en el cálculo (como variables) ya que nos ocultará la identificación del precio óptimo.

Haz los cálculos, pero primero piensa en el concepto de precio máximo que un cliente pagaría por tu producto y por lo tanto, qué valor debería incorporar. Pensar en modo costes es un error aunque evidentemente hay que trabajar para contenerlos, pero cuidando de que el ahorro en costes no haga disminuir el valor de nuestra oferta (no te dejes llevar por lo fácil, que es hacer las cosas baratas, carentes de valor).

Cuando veo a mi alrededor la moda de pensar basada en costes bajos pienso que hasta que no se cambie difícilmente mejorará nuestra economía. Si tenemos un país cuyos trabajadores son mileuristas, difícilmente se hará un buen producto capaz de competir contra los países realmente baratos. Las ideas de M. Porter referidas a evitar competir en precios para no caer en el punto denominado "atascado en el medio" donde no se es el más barato pero tampoco se posee valor necesario para diferenciarse, aunque simples y muy conocidas, no están lo suficientemente interiorizadas o son manifiestamente difíciles de llevar a la práctica.

12 TACTICA. REFORZANDO LA DIFERENCIACION

¿Qué es táctica en el plan de márketing? La táctica del márketing se compone de las conocidas 4 P o 7 P cuando además incluimos servicios. Es muy frecuente relacionar la palabra márketing con las P o incluso con una de ellas, la P de promotions (comunicación) o incluso, a su vez, con uno de los componentes de la comunicación, la publicidad.

Por lo tanto, la táctica es la definición en detalle de las decisiones tomadas en la estrategia que se harán realidad vía los planes de acción. Este detalle está compuesto por los componentes de la táctica y que son el Producto (o servicio), el Precio, el canal de ventas (Place), la comunicación (Promotions), el Proceso (base del modelo de negocio), los profesionales (People) y la evidencia física de la empresa (Physical evidence). Los tres componentes últimos son de especial relevancia para las empresas de servicios.

Cada conjunto de estas 7 P es lo que denominaremos un Mix de márketing, márketing mix, o MMIX. Es la combinación esas 7 P para dar lugar a algo único, diferente y concreto. Este concepto es muy importante, ya que cada MMIX se va a dirigir a un segmento de cliente distinto, también único. Por lo tanto, todo lo que comercializa la empresa se ve materializado en esos diferentes MMIX.

Un ejemplo rápido lo tenemos en la industria del automóvil. Cada modelo es un MMIX que va dirigido a un segmento (target) seleccionado entre los múltiples segmentos existentes con su imagen, precio y prestaciones específicos. En el negocio de los automóviles incluso se llama segmento al tipo de coche, al producto, en vez de al grupo de clientes debido a la identificación del producto con su mercado (el segmento de los compactos o el de los todoterreno).

Muchas veces tendemos a pensar que podemos crear un producto y dirigirlo a todo el mercado. ¿Para qué autolimitarnos? Pero esto no funciona bien, hay que crear diversos productos y comercializarlos de diversas formas para ser capaces de acercarnos a las necesidades de clientes de diversos tipos y con distintas necesidades o deseos y para poder comunicarlos mejor. Gestionar un MMIX no es complicado pero gestionar muchos sí puede serlo. A veces necesitaremos unificar segmentos para facilitar esta gestión.

Esta decisión proviene de la fase estratégica. La fase táctica realiza la definición fina y detallada de las 7 P. Pero es en la estratégica en la que definimos los segmentos, los targets, el tipo de producto y los MMIX. Ya podemos empezar a observar como los detalles de la definición de las 7 P son… tácticos, fáciles de modificar. Pero las decisiones previas que los hacen posible son de mucho más calado.

La táctica se construye pues, sobre la estrategia. Para desarrollar la táctica hay que tener primero el resultado que proporciona la estrategia. De lo contrario perderemos tiempo y dinero. Y según lo que ya sabemos, el resultado de la estrategia es la diferenciación, el target al que se aplica y el posicionamiento que percibe el cliente de todo ello.

La primera P y quizá la más importante e intuitiva es el producto, donde también incluiremos el servicio. El producto es fácil de visualizar y muchas veces es el comienzo o la inspiración de nuestra idea. Aquí en la táctica es cuando nuestro diseño de la offering va a cobrar forma, dónde le dotaremos de atributos. Estos atributos serán los percibidos por el cliente pero irán sobre una base de diferenciación establecida previamente durante la fase estratégica. Por ejemplo, un potencial comprador del Tesla model S apreciará los atributos del coche reflejados en su potencia, lujo y exclusividad, atributos que van sobre la base de posicionar un coche caro en el segmento alto, que además es eléctrico. Estos atributos por sí mismos podrían tener un impacto mucho más bajo, o incluso inexistente, como es el caso del Citroën C6 o el del Nissan leaf (muy vendido en su segmento), que ocupan otro lugar en el mapa de posicionamiento del cliente.

Todas las acciones a realizar en la táctica reforzarán el diseño estratégico y se desarrollarán sobre su base manteniendo siempre un mensaje coherente hacia el cliente.

Es interesante identificar que en muchas ocasiones el producto 'per se' es algo que tiene poca diferenciación intrínseca. Podríamos llamar a esto el producto core, el núcleo o el producto base. Pongamos como ejemplo el cereal para el desayuno. Puede haber muchos fabricantes distintos que hacen productos muy diferentes. Pero el maíz, el trigo o la avena son básicamente los mismos. Desde aquí se construye el resto del producto que se conoce como producto aumentado. Hay que desarrollar otros componentes tanto para la parte del producto como para la parte del servicio. De acuerdo con la diferenciación diseñada, el target y la posición que queremos obtener en el mercado construiremos distintos tipos de productos aumentados.

Un caso interesante es el que le ocurrió al grupo formado por las marcas Black & Decker, deWalt y Stanley. Los productos que componían su portfolio eran básicamente los mismos y de buena calidad. Pero el mensaje que enviaban al mercado era muy confuso y como consecuencia los diversos segmentos no se veían identificados con las marcas. El grupo tuvo que crear binomios offering/target reposicionando las marcas para ser percibidas de la forma correcta por el mercado de consumo (B&D), el profesional (deWalt) y el industrial (Stanley). Este ejemplo puede corresponder, dentro del modelo de deriva estratégica a cuando una mala táctica neutraliza una buena estrategia. Un caso parecido le ocurrió a SEAT hace algunos años cuando una oferta quizá demasiado amplia con la complejidad que eso conlleva, con demasiados modelos parecidos y sin ninguna berlina (el Toledo apenas se diferenciaba del Altea) confundiera a los usuarios y perjudicaron sus cifras de negocio. Skoda en cambio, con sólo tres modelos, tenía buenos resultados.

Además del producto aumentado pueden desarrollarse familias o líneas de producto para ajustarse mejor a las necesidades de los distintos segmentos. De esta forma, el producto base aumentado, enriquecido con servicios y extendido permite incorporar nuevos componentes diferenciadores.

La otra herramienta para nutrir la diferenciación es el modelo de negocio. Este se transmite tácticamente a través de las Personas, los Procesos, en cierta medida los Canales (place) y la evidencia física. En las personas habrá que invertir, formarlas, incentivarlas y hacerlas partícipes de nuestro proyecto. Los procesos en cambio, hay que crearlos. En algunas ocasiones habrá que inspirarse o contratar a expertos en ciertos campos de aplicación. En otras, deberemos liderar nosotros mismos ideando conceptualmente nuevos procesos que den lugar a modelos de negocio genuinos. Esta parte es muy complicada y poco intuitiva, quizá la más difícil de todo el plan de márketing.

Las P restantes ya las hemos analizado previamente y son el Precio y la Comunicación.

Existen muchos libros que hablan sobre las P de marketing, la táctica. Hemos intentado aquí ponerla en perspectiva, indicar que debe sostenerse sobre una estrategia fuerte y concreta y realizar una correspondencia entre sus componentes y la buscada diferenciación.

En resumen, la táctica se compone de grupos coherentes de las 7 P, llamado el MMIX, un MMIX por cada offering/target. La offering se desarrolla con la P de producto, que engloba al servicio, al producto aumentado y a las líneas y familias de producto. El modelo de negocio se desarrolla con las P de Personas, Place (canales), Procesos y Evidencia Física. Por último está la P de precio y la comunicación. Así se consigue una diferenciación concreta para cada MMIX.

13 EL PROCESO DE VENTA

Si la estrategia de una empresa fuera lo suficientemente buena el proceso de venta podría considerarse redundante. En su defecto, la función del departamento comercial de las empresas deberá trabajar mucho más duramente.

No obstante, aunque nuestra estrategia fuera excelente el diseño de los procesos de venta tiene también que ser excelente. Este punto está muy poco desarrollado en los países no anglosajones y es un área obvia de mejora para aumentar la competitividad de las empresas.

Diseñar una buena función de ventas no es complicado comparándola con lo que nos exige el diseño de la estrategia, pero su ejecución debe ser metódica.

Para ello podemos basarnos en el trabajo que ya hemos desarrollado. Tenemos nuestra base de clientes segmentada por un lado y nuestra offering diseñada, por otro. El primer paso consiste en seleccionar a nuestros clientes para comunicarles de la forma más eficiente nuestras distintas offerings.

Dependiendo de la tipología de nuestros clientes esto podría hacerse utilizando herramientas online o realizando visitas presenciales. En el primer caso la venta tiene un componente mayor de comunicación mientras que en la segunda un componente más tradicional, pero en los dos se trata de que el cliente nos vea, como ya explicamos en su momento.

Este proceso es obvio pero lo que no es tan obvio es implementarlo de una forma sistemática, cubriendo paulatinamente todo el territorio donde se encuentren nuestros clientes target, de una forma eficiente para la empresa.

Como resultado de esta actividad, se deben de generar oportunidades de venta de forma continuada. Algunas de estas oportunidades se transformarán en propuestas en firme y finalmente un porcentaje de ellas en ventas. Por lo tanto, deben de generarse muchas oportunidades para que obtengamos el porcentaje de ventas adecuado. El proceso de venta debe establecer una manera de realizar la identificación de oportunidades, la comunicación al cliente y seguimiento, la definición del proceso de compra (ya estudiado en la segmentación), el establecimiento de las condiciones del acuerdo y las condiciones de cierre.

Todo esto no tiene mucha ciencia pero sí metodología y disciplina y es una de las razones por las cuales las empresas del mundo anglosajón penetran con más éxito en los mercados. Vender es una actividad fundamental que necesita ser diseñada con atención, implementada con rigor, fomentada en la empresa y remunerada mediante esquemas de incentivación con beneficio compartido.

14 LIDERAZGO Y CAMBIO

Hemos hablado mucho sobre innovación, diferenciación, materialización de una offering en un producto y cómo hacerlo llegar al cliente mediante el proceso de la estrategia. Obviamente, todo esto no ocurre de forma espontánea. Requiere un esfuerzo que merece algunas reflexiones.

Trabajar en el entorno de la estrategia y de la innovación requiere cambio y la gestión de ese cambio. Todos conocemos la problemática asociada a la Gestión del Cambio, normalmente reflejada en forma de inmovilismo, resistencia interna, querencias asociadas a los sistemas anteriores y falta de aceptación del nuevo entorno. Los cambios culturales son normalmente más difíciles que los cambios tecnológicos. Para conseguirlo hace falta motivar a la organización o grupo de personas de que se trate. Y aquí es donde entra en juego el liderazgo.

No es fácil llamar a la acción a un colectivo pero cuando se conoce lo que se quiere, cuando se explica bien y cuando se ve el objetivo "con los ojos", las cosas se hacen más fáciles. Por eso hago tanto hincapié en que los clientes vean nuestra estrategia (la percepción positiva) y en que los trabajadores de la empresa vean claramente el plan de marketing, por ejemplo usando SOSTAC®, o el modelo estratégico, por ejemplo usando MSSM©. Cuando las cosas se ven y se entienden se "compran" mejor.

Y esto significa que aumenta la colaboración de los trabajadores así como las aportaciones al proceso. Recordemos que el modelo de innovación de Nonaka y Takeuchi se basa en buena parte la comunicación y la aportación discrecional al proceso.

Por eso, cuando hablo de liderazgo me gusta hacerlo en plural, Liderazgo con "L" mayúscula, pero también liderazgo con "l" minúscula. Todos tenemos identificado al Líder con L mayúscula, la persona de alguna forma excepcional e individualista que es capaz de conducir o guiar a otras. No solemos, en cambio, tener identificado de forma tan clara que los líderes dependen del contexto y de su tiempo. La persona líder en el siglo quince para capitanear una carabela y cruzar el atlántico hacia lo desconocido quizá sería un fracasado en nuestra sociedad moderna y a la inversa. No me imagino a un gran líder, por ejemplo, del mundo de las finanzas actuales triunfando en la edad media.

Tampoco es válido el mismo estilo de liderazgo en todos los momentos de la vida. Los niños líderes suelen serlo basándose en sus capacidades físicas donde frecuentemente el abuso es un recurso, cosa que funciona mal en la edad adulta. Pienso en mi infancia y recuerdo que la mayoría de niños líderes fueron adultos mediocres o fracasados, mientras que muchos niños normales, tímidos o incluso débiles triunfaron ya que desarrollaron una mayor inteligencia emocional.

Hay ocasiones y cometidos que necesitan líderes jerárquicos y autoritarios y otras, las actuales, que requieren líderes conocidos como "transformacionales", capaces de gestionar el cambio en organizaciones complejas de forma colaborativa. De esta forma el concepto de liderazgo se amplía a organizaciones líderes, equipos líderes, ciudades líderes, sociedades líderes.

Pero para conseguir esto hay que contar con los líderes con "l" minúscula, con el gregario de lujo, el que trabaja en grupo, el que contribuye en la sombra, fundamental en las grandes organizaciones, corporaciones y básicamente en cualquier equipo. Ser líder con "l" minúscula no siempre es fácil, hay que formarse para ello. Nuestra sociedad latina, individualista y poco colaborativa frente a la anglosajona nos posiciona en desventaja para acometer proyectos grandes de transformación. Esto es realmente un problema ya que las grandes corporaciones obtienen ventajas, economías de escala en los mercados, que las empresas pequeñas nunca podrán obtener.

Actualmente están muy de moda los mensajes que animan al desempeño de una carrera individual autónoma, basada en la innovación personal y el liderazgo con "L" mayúscula. Esto está muy bien, pero además nos tendrían que educar para trabajar en equipo y contribuir al grupo con una orgullosa humildad, sabiendo que los resultados del grupo normalmente son mejores y más eficientes. Hay que estar orgulloso de pertenecer al equipo que obtiene buenos resultados aunque la visibilidad se la lleven los delanteros que marcan los goles o el ciclista jefe de filas.

En un mundo globalizado las grandes organizaciones tienen además una gran ventaja en lo que a gestión del conocimiento se refiere. El acto cognitivo siempre lo harán las personas pero el conocimiento en sí está en las organizaciones. Es Airbus, por poner un ejemplo, la que construye aviones, la que sabe cómo hacerlo, no un trabajador en particular. Posiblemente no existe nadie actualmente que sepa cómo construir un avión o un ordenador de forma completa. Si determinado trabajador se va de la empresa, la empresa será capaz de sustituirlo, pero ese trabajador, si quiere seguir construyendo aviones, deberá incorporarse a otra organización e incluso en ocasiones se irá con su propio equipo de profesionales. Para optimizar la gestión del conocimiento hace falta fomentar la cultura de la colaboración y lograr una confianza mutua, recíproca, un reconocimiento mutuo entre la empresa y el trabajador.

Es más, un país sin organizaciones lo suficientemente grandes, capaces de gestionar un conocimiento cada vez más complejo, encontrará pronto su techo de crecimiento. Una sociedad que no crea empresas grandes se convertirá en una sociedad de artesanos industriales, lo cual no es necesariamente malo, hasta que tienes que competir contra las grandes multinacionales. Entonces pierdes. Hace falta un equilibrio entre la pequeña empresa, dinámica y resistente y la grande, que tiene capacidad financiera para acometer proyectos complejos y transmitir el conocimiento complejo a otra generación de trabajadores.

Por eso, el Líder tiene que saber comunicar e integrar a los líderes (los integrantes de sus equipos) en el proyecto común. El proceso tradicional básico de Analiza-piensa-actúa, aunque válido, se puede transmitir de forma más suave con un Visualiza-siente-cambia (actúa) más empático, para transmitir y formar espíritu de equipo. Esto se puede hacer realizando las siguientes acciones:

- Reconociendo los problemas
- Reconociendo las capacidades de mejora
- Transmitiendo la visión
- Sintiendo la necesidad, el problema
- Haciéndolo sentir, motivando a los distintos participantes
- Actuando, facilitando el proceso de cambio.

Si esto se hace además de en la empresa, en la sociedad, junto con la participación del gobierno, tendremos como resultado una sociedad líder. Una sociedad que no cuide a sus trabajadores difícilmente conseguirá su compromiso. Las sociedades que han conseguidos éxitos en el pasado como son un buen ejemplo Japón, Alemania o incluso Estados Unidos, han ofrecido una carrera laboral completa a sus trabajadores, incluyendo beneficios sociales y planes de jubilación. Los nuevos esquemas basados en la precariedad laboral son un experimento cuyos resultados observaremos en las próximas décadas.

Liderazgo personal y empresarial para la innovacion

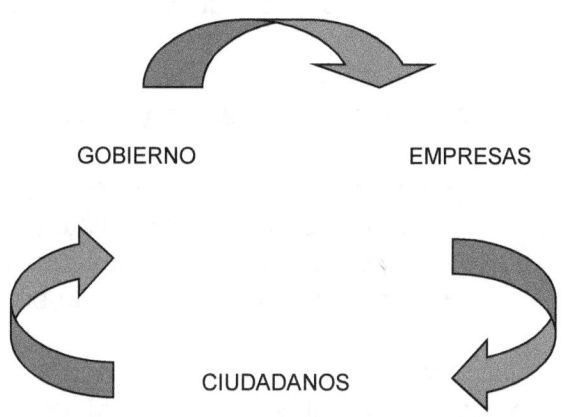

GOBIERNO   EMPRESAS

CIUDADANOS

¿Cómo podemos comenzar con el proceso del cambio? Un método tradicional es el benchmarking. Medirse con los demás y mejorar los procesos simplemente copiando está considerado también como innovar. De hecho, recordemos que uno de los componentes de la Ventaja Competitiva era la sostenibilidad. Si alguien nos puede copiar fácilmente lo que tenemos, no tenemos ventaja competitiva sostenible. Así pues comencemos por identificar que hacen los demás mejor que nosotros y cambiemos, incorporando sus mejores prácticas para igualarles. Podemos hacer este ejercicio a nivel humano, social y también a nivel productivo.

A su vez y como ya vimos, hay que preparar la organización para ir incorporando los cambios y mejoras que se vayan identificando. Esto no ocurrirá por sí solo. Se hace necesario implementar un proceso de gestión de la innovación de forma sistemática donde se identificarán interdependencias complejas que habrá que resolver y de dónde surgirán efectos no perseguidos, por lo que hace falta prepararse para identificar lo inesperado.

De forma resumida quedaría:

1.- Benchmarking, ¿qué hacen los demás?

- A nivel social, humano
- A nivel productivo, tecnológico

2.- Preparar la organización y sus procesos para:

- Implementar un proceso de gestión de la innovación de forma sistemática
- Resolver interdependencias complejas
- Identificar efectos no perseguidos

Un líder empresarial puede fomentar la participación y colaboración de sus empleados (líderes) con las siguientes acciones basadas en el liderazgo transformacional:

- Detectando el talento de sus trabajadores, fomentando sus aportaciones a la empresa.
- Compartiendo la visión, haciéndolo sentir, creando equipo, estableciendo objetivos comunes, premiando su consecución.
- Detectando las señales débiles (tempranas), pensando y actuando en equipo
- Diseñando un plan de innovación, haciendo seguimiento y control, confrontándolo con la realidad.
- Fomentando la generación de ideas
- Fomentando la escucha activa, la necesidad de aprender
- Asumiendo que hay que fracasar a menudo para alcanzar antes el éxito. Consolidando las mejoras conseguidas.
- Rodeándose de voluntarios, entusiastas y expertos
- Agradeciendo, compartiendo el crédito y el proyecto

- Creyendo en el proceso, esponsorizando iniciativas
- Creando equipos cross-function, de inteligencia compartida
- Recordando que la actitud se contagia, dando ejemplo continuamente
- Creando motivación para el pensamiento creativo e innovador
- Buscando anticipación, siendo proactivo
- Manteniendo una actitud emprendedora
- Estimulando los conocimientos versátiles
- Estimulando un dialogo creador
- Fomentando la diversidad
- Desarrollando la imaginación

Normalmente surgirán bloqueos al proceso. Esto es normal, siempre pasará, hay que estar preparado para ello. Siempre habrá resistencias, escepticismo, miedo duda e incertidumbre. Hay que tratar de identificarlo rápido y minimizarlo pero sin caer en la confrontación. Hay que mantener el respeto hacia todos, basado en la generosidad de espíritu y en una absoluta integridad.

Los problemas se hablan y resuelven. Si no se consigue, se resuelven internamente. Si no es posible, es preferible abandonar ciertos puntos concretos. Pero hay que evitar a toda costa la creación de grupos y coaliciones que desemboquen en guerras internas ya que una vez generado un mal ambiente es imposible construir un colectivo innovador.

Por su parte, un ciudadano, estudiante, o empleado, puede desarrollar su faceta de líder trabajando sobre los siguientes aspectos:

- Buscar la productividad personal
- Esforzarse, pensar qué es lo mejor para todos
- Ser positivo, pensar en aportar, no importa quién se beneficie de ello
- Buscar un equilibrio laboral / familiar justo

- Intentar implementar un horario racional
- Sintiéndose orgulloso de lo que se hace (de lo que se hace bien)
- Reconociendo lo que hacemos mal y cambiándolo.
- Proponiendo procesos de mejora

Así pues, no solo hace falta un Líder para implementar una correcta estrategia empresarial. Ya que la estrategia es un proceso que está distribuido por la empresa y que además se basa en la innovación, participación y comunicación interna, hará falta crear y estimular a los líderes con "l", los gregarios de lujo (que deberían ser idealmente todos los empleados, como se consigue en la cultura japonesa) lo cual requiere planificación, esfuerzo y dedicación. No obstante, unas ideas claras y un marco de referencia sólido como el que se ha desarrollado en este libro permitirán que esta comunicación sea más eficaz, se visualice mejor y se implemente de forma más eficiente en la empresa.

Recuerda, utiliza las herramientas y modelos para crear la visualización, transmítela haciendo sentir la necesidad y fomenta la aparición de líderes para facilitar el proceso de cambio.

¡Ah!, y por supuesto, todo esto debe de estar basado en la honestidad mutua, en un plan de compromisos. No voy a pedir a estas alturas de la vida seguridad laboral, pero sí abogaré por un plan de compromisos. Una sociedad, sus políticos, sus empresas, que explote la precariedad laboral, no puede construir lo expuesto en este capítulo. Con jóvenes infrapagados o trabajadores mayores expulsados prematuramente del mercado del trabajo y que pierden incluso gran parte de su pensión no puede triunfar ningún plan de liderazgo ya que no hay proyecto común. La respuesta a este problema daría para escribir otro libro, pero se deberá basar de forma inexorable en sistemas de compartición mutua del éxito en el largo plazo.

15 EPILOGO

Espero que tras la lectura de este libro hayas podido consolidar o poner en orden los múltiples conceptos y nociones que suelen considerarse cuando hablamos de estrategia. La finalidad de este libro es precisamente contemplar las ideas en forma de proceso y conseguir la coherencia entre ellas.

Al adoptar un punto de vista procesual podemos asegurar que todos los componentes relacionados en el modelo MSSM$^{©}$ van a ser valorados y utilizados. No descuidaremos nada y tampoco caeremos en la tentación de depender de una idea feliz o de una fortaleza aislada.

Recordemos que en el largo plazo el éxito vendrá de la mano de una correcta planificación que contemple y asimile los cambios que ineludiblemente se producirán en el entorno. Por eso, la revisión de la estrategia será continua y esto implica a su vez la revisión de todos sus componentes. Incluso si ocasionalmente tienes suerte, ¡incorpórala al proceso!

Cuenta, pues, tu estrategia. Elabora un discurso para ser utilizado dentro de tu empresa y oriéntalo también a tus clientes. Ahora estás en disposición de que este discurso tenga contenido y esté correctamente articulado.

Recuerda al principio del libro cuando te preguntaba por tu estrategia. Quizá en aquel momento dudaste, pero ahora tienes los conocimientos para poder transmitirla de inmediato así como de identificar y proponer áreas de mejora.

Deseo realmente que el contenido de este libro te haya resultado de utilidad y que tengas éxito con su aplicación a tus negocios.

16 ACERCA DEL AUTOR

Hugo Rubio Vega es Ingeniero Industrial, Master en Gestión de Empresas, posee un Diploma Internacional de postgrado en Marketing, un MBA internacional y un Master en Filosofía, Ciencia y Valores.

Actualmente desempeña su carrera profesional en la industria de las tecnologías de la información, colabora con centros universitarios y desarrolla su tesis doctoral en la disciplina de la comunicación de la ciencia.

https://es.linkedin.com/in/hugo-rubio-1230401

Hubo un tiempo en el que me frustraba cuando otros implementaban ideas que yo ya había tenido. Años más tarde, me molestaba que las ideas que se les ocurrían a otros no se me hubieran ocurrido antes a mí. Ahora me encuentro con que muchas ideas de los demás me sorprenden por su ingenio.

El proceso de innovación empresarial genera ideas que luego se consolidan en productos y servicios. Este proceso se produce de forma continua, en todos los trabajadores, en todo momento y no depende de horarios laborales. Por eso, toda empresa debe de tener identificado un proceso de innovación aunque sea básico. La innovación se basa más en una intercomunicación bien gestionada que en un departamento tecnológico de I+D.

Todo esto se entiende mejor si lo enmarcamos en un modelo de estrategia empresarial que sea coherente, simple y manejable. Este libro introduce con este propósito el Modelo Sintético de Estrategia de Márketing MSSM© que guía al lector en el proceso de generación y definición de la estrategia empresarial estimulando la generación de ideas, ordenando los conceptos y dejándolos preparados para ser incorporados en el plan general de marketing de la empresa.

Para profundizar en el modelo MSSM©, utilizar sus herramientas o participar en actividades de formación puedes visitar la página siguiente:

http://bit.ly/modelomssm

El Modelo Sintético de Estrategia de Márketing MSSM© es la metodología oficial que utiliza el programa Marketing4Pymes para el diseño y la revisión de los planes de negocio de sus clientes.

marketing4pymes.com